世界に通用しない英語

あなたの教室英語、大丈夫?

開拓社
言語・文化選書
3

世界に通用しない英語

あなたの教室英語、大丈夫?

八木克正 著

開拓社

は し が き

　「教室英語」とは，日本の中学校から，塾，高等学校，進学予備校，大学で教え，学ばれている英語のことです。ここでは必ずしも，いわゆる「学習文法」とか「学校文法」といわれるものに限っているわけではありません。こういった文法書に書かれたものばかりでなく，教室で英語の教師が教え生徒が学ぶ内容も含めた幅広いものを念頭においています。

　「あなた」は，教壇に立って授業をしているあなた，教室で学んでいるあなたのことです。教室で教え，試験に出題し点数をつけて成績をつける英語も，実際に世界に通用する英語でなければなりません。教室で学び，家で復習し，試験に出題されその答えによって成績がつけられる英語も，世界に通用する英語でありたいものです。教室だけ，受験勉強だけでしか通じないものであってはならないはずです。

　同時に，英語は教科のひとつなのですから，英語の授業は，単に読み書き，話せるようになるという技術の向上だけでなく，科学的な裏付けをもった知的な内容であるべきです。

　本書の問題意識は，古い英語，世界に通用しない英語が，教室でまことしやかに教えられていないか，ということです。もしそうであれば，できるだけ早い時期にその根を断ち切らねばなりません。

　ひとつだけ例をあげましょう。「ジェーンとメアリーとではどちらの背が高いですか」という日本語を英語にするのに，(1)

＊Which is taller, Jane or Mary? と教えてその学習成果を試験で試すようなことはありませんか（＊はその文が正しくないことを示します）？　ごく普通の英語では，人を比較する場合 who を使って，(2) Who is taller, Jane or Mary? としなければなりません。ところが教室で (1) のように教えている現実があります。このような英語を学んだ学習成果は，高校生，大学生，大学院生，英語教師に連綿と受け継がれ，あいもかわらず (1) が教えられる例が少なくありません。学習英文法書でも，あるいは英和辞典ですら，(1) を普通の表現としているものが存在しているのが現状です。

　私は，過去25年近く英和辞典や学習文法の問題点を指摘し，その是正を求めてきました。最近は，英和辞典や英文法書は随分と内容がよくなり，実際に使われる英語の実態を反映するよう努力がされてきています。しかしながら，一部の学習参考書，入試問題集の中身や，それらを使って授業をする学校の英語は相変わらず古色蒼然としたものになっています。

　また，その事実が一部の県の英語教員採用試験問題の中にまで反映していることが気がかりです。広く公開され批判の対象にされる大学入試問題の改善状況に比べ，採用試験問題は批判の対象になりにくいようです。

　どのような分野でも，学問的な研究成果が学校教育にまで広まるにはかなりの時間がかかります。少なくともここ15年ほどの間に英和辞典の内容も，学習文法の内容も随分と改善されました。しかし，まだまだその改善の成果が教室にまで広く浸透していないことが気がかりです。

　文部科学省は「英語が使える日本人」を育てることを目標に掲

げ，そのための英語教育の改善が進められています。その改善はおもに教育方法です。肝心の「何を教えるか」という教育内容についての検討がなくてはなりません。

　私は長年の間，英語教育の内容の改善を提唱してきました。しかし，講演や学会のシンポジウムの形での提案はなかなか浸透しません。その原因のひとつに，英語教育の世界，あるいは英語教員の根強い保守性があります。その保守性は，教育内容が変わることへの恐れとなって現れます。また，今まで教えてきたことが誤っていたことを認めることへの恐怖となって現れます。

　英語についての知見は年々積み上げられています。年々蓄積されてゆく英語についての知見を取り入れるべく，教員も研鑽にはげまなければなりません。質の高い医療を提供する医師は，進歩してゆく医学上の知見を常に追っていなければなりません。学校の教師だって，良質な教育をするためには，進歩してゆく専門分野の学問の動向に敏感でなければなりません。

　本書でとりあげる事実の解明とその説明は，科学としての言語学をもとにした問題意識，論証の方法にもとづいています。数学や理科など自然科学にもとづいた学科と同じように，英語が科学の裏付けをもった学科になるためには，科学的な言語研究の考え方が基本になければなりません。そのような学問としての英語研究の方法を分かりやすく提示することも本書の目的です。

　私には，「受験英語」を排斥しようとする意図は毛頭ありません。また「コミュニケーション主体の英語教育」を唱導するものでもありません。日本の伝統的な英語教育の良さを認めるがゆえに，その英語教育の中身を良くしたいと願うのです。本書が，日本の現在の英語教育の内容を見直すきっかけになることを願って

います。

　本書をまとめるにあたって，たくさんのインフォーマントの方々にお世話になりました。住吉誠君，井上亜依さん，土屋知洋君はインフォーマントの仲介役になったり，校正の手伝いをしてくれました。また，娘婿・娘の奥田和彦・京子も校正を手伝ってくれました。手伝っていただいた皆さんに感謝します。

　なお本書は，今回書き下ろした部分のほか，私がいろいろな場所で書いたり，話したりしたものを縦横に使っていることをお断りしておきます。

　　2007 年 6 月

　　　　　　　　　　　　　　　　　　　　　　八木　克正

目　次

はしがき　*v*

第1章　英語教育の内容を再検討する ……………………… *1*
はじめに　*2*
1　学習文法とは何か　*5*
2　文法教育は必要ないか　*11*
3　ネイティブ・スピーカー信奉について　*12*
4　正しい英語とは何か　*16*
　文法にかなった表現／慣用にのっとった成句表現／まとまりのある表現／状況や場面にかなった表現／コミュニケーション・ストラテジー／いま使われているか／PC表現
5　ことばは変化する　*30*
まとめ――学校で教える英語はどうあるべきか　*33*

第2章　学習文法の形成 ……………………………………… *35*
はじめに　*36*
1　英語との接触と英和辞典の誕生　*37*
2　日本の英和辞典の歴史　*38*
　(1) 1861年以前「原初的単語集期」／(2) 1862-1910年の「翻訳期」／(3) 1911-1926年の「日本人のための英和辞典期」／(4) 1927-1966年の「共同編纂期・第一次学習辞典期」／(5) 1967年から現在に至る「第二次学習辞典期」
3　イギリスの規範文法　*46*
4　斎藤英文法　*51*
5　科学的伝統文法――規範からの脱出　*57*
　市河三喜／大塚高信／実証的な英語研究から理論研究志向へ／語法的研究の集大成
6　「対話」による英文法　*67*

ix

まとめ——学習文法の形成史　71

第3章　学習文法の何が問題なのか　73

はじめに　74
1　The sun rises in the east. の in は「から」？　75
2　deserve doing の doing は受け身の意味？　75
3　borrow と「借りる」　78
4　continue (+to be) +形容詞で「続ける」？　79
5　enjoy oneself doing は合体表現で不可　81
6　Never fail to do ... は使えないか？　82
7　than I は than me より正しいか？　84
8　stop to do の to do は目的語か？　85
9　関係代名詞 who と whom　86
10　関係代名詞 that が義務的になる場合？　89
11　ten years senior to me は古い　91
12　付加疑問の作り方　93
13　命令文の受動態？　96
14　go on a hike/go for a hike よりは go hiking　99
15　*I believe him to come tomorrow.　102
16　「人」を指す which　103
17　「人」を指す what と which　113
18　learn to do:「学ぶ」と「できるようになる」　115
　　learn to do の意味／二つの意味の区別の方法
19　How beautiful is she? は何を問う？　122
まとめ　124

第4章　教員採用試験問題の英語　125

はじめに　126
1　教員採用試験問題から (1)　126
2　教員採用試験問題から (2)　132
3　in ages の可能性　136
4　high estimation　139
5　inquire のとる構文　140

まとめ　*143*

第5章　英和辞典のここがおかしい……………………… *145*
はじめに　*146*
1　Young as I am の as は何か？　*148*
2　日本語独特の受け身と have　*150*
3　argue の「...であることを示す」の意味？　*152*
4　attain the summit of a mountain（山の頂上に到達する）？
　　　　　　　　　　　　　　　　　　　　　　　　　　156
5　古い成句　*158*
　　have a game with him（彼をだます）／pass a person's understanding は「理解を超える」？／How goes the enemy?（いま何時？）
まとめ　*167*

第6章　教室英語の改善のために……………………… *169*
はじめに　*170*
1　教室英語を全面的に見直す　*171*
　　副教材や市販の参考書，問題集の総点検／信頼のおける学習英文法書を／学習文法の構築のために／成句の重視
2　教員にもっと多様な研修の機会を　*175*
　　教授法以外にも学ぶことが／英語の変化の実態を知る／発音練習の重要性／リーディングの重要性
まとめ　*179*

あとがき　……………………………………………………… *181*

引用文献　……………………………………………………… *185*

索　　引　……………………………………………………… *189*

第 1 章

英語教育の内容を再検討する

はじめに

　私が高校生のころ，英語の受験参考書として『山貞』がよく使われていました。山崎貞著『新々英文解釈研究』(私の手元には昭和五年，第六十二版があります)，『新自修英文典』(ともに研究社刊)のことです。ずいぶん長い間，受験生の間ではベストセラーでした。私も『山貞』で勉強しました。忘れもしない「クジラの法則」として知られる，A whale is no more a fish than a horse is. (クジラは馬が魚でないと同様に魚ではない)という例文を通じてかなり特殊な用法の no more ... than を覚えたものです。この用例は確かに名作で，多くの年配の方々の頭に残っていると思われます。

　この no more ... than ... の構文は使われることはありますが，新聞や雑誌，テレビ放送のインタビュー番組を文字化したもの (transcripts) を読んでもなかなか出会うことはありません。他にも受験勉強としては必須であっても，実際の英語を読んでいる限りまず出くわすことがないような「英文法」の内容や「成句表現」は決して珍しくありません。『山貞』からいくつか拾ってみましょう。

　I didn't call him; he woke up *of himself*. (「独りで」の意味の of oneself は今は使いません) ／He is *the very man for you*. (「君にお誂えの人だ」という意味とされていますが，今では意味が分からないでしょう) ／*The wisest man* can not know everything. (「どんな賢い人でも ...」おそらく wise の意味を取り違えているようです。wise は知恵があることです。また can not となっていますが，これは原文のとおりです)。

『山貞』には，そのほか少なくとも20世紀後半以降の英語に接している限りほとんど出会うことのないような表現がたくさんあります。つまり，書かれている内容は，現代の英語として実際には使われることがないものが少なくないということです。それを勉強しなければ読解に支障をきたすとか，文法問題が解けないほどに大学の入試問題は保守的だったのでしょうか。

振り返ってみると，確かにそのような問題が出されていた時期があったのです。少なくとも文法問題と称する試験問題にはそのような問題がありました。それは作問者が『山貞』や，その本のもとになっている[1]斎藤秀三郎の *Practical English Grammar* (1898-1899，以下PEG) などの著作に依存していたからだろうと思います。旧制高校の英語入試問題がファウラーの語法書 (Fowler's *Modern English Usage*, 1926) から多く出されたというように，戦後の大学入試問題も，そのような受験参考書をより所としていたことがあると考えることができます。

私が高校生だった1960年代には，「英文法」という科目がありました。今から考えると，その教科書ではとても古い英語が使われていたように思います。to 不定詞の名詞用法の説明に使われ

---

1. 山崎貞『新自修英文典』が斎藤秀三郎の *Practical English Grammar* (1898-1899) に大きく依存していることは，大村喜吉『斎藤秀三郎伝―その生涯と業績―』(1960: 197) に述べられているとおりです。「クジラの法則」で知られる A whale is no more a fish than a horse is. は，斎藤秀三郎の上記の著書（私が所有するのは名著普及会による復刻版）の p. 166 にあります。ただ，そこでは The whale ... となっています。この no more ... than ... の用法は，比較構文というよりは，否定構文の一種と考えたほうがよいと思われます。実際の英語を読んだり聞いたりする中ではなかなか出てこない表現です。

た例文に，*To err* is human, to forgive divine.（過ちを犯すのは人，許すのは神）があったことは今でもよく覚えています。これは，アレギザンダー・ポープ（Alexander Pope, 1688-1744）の詩集 *An Essay on Criticism* (1711) が出典です。今では err のような動詞を使うことはまれです。

さすがに今の教科書や参考書では，それほど古い例文が使われることはありません。しかしながら，ひと昔前までは文法と読解・作文とが結合していない，別の事柄のようにして教えられていました。文法は文法，英文解釈・作文は英文解釈・作文であったのです。今でもそういう傾向があります。

ほんとうは，英文法は実際にいま使われている英語を読んだり書いたり，話したり聞いたりする必要から学ぶべきものです。現代英語を読んだり書いたりするのに必要のない文法規則や成句表現などは英語学習者には必要ありません。文法のための文法（いわゆる文法研究や言語学の研究）や古い時代の文法・成句表現などは，専門的に研究する人，あるいは，古い英文学を研究する人が必要に応じて学べばよいのです。

教室で教え，試験に出題し点数をつけて成績をつける英語は，実際に今，世界に通用する英語でなければなりません。

そのような意味で，『山貞』だとか，斎藤秀三郎『熟語本位英和中辞典』などを復刻して，高等学校や予備校で使うようなことは絶対にすべきではありません。古い時代に英語を学んだ人が懐古趣味でもういちど『山貞』や『熟語本位英和中辞典』で勉強するのは自由です。ですが，それを今の教育現場に持ち込むべきではありません。『山貞』や『熟語本位英和中辞典』で扱われている英語と，いま世界で使われている英語とは別の知識と考えるべき

です。

1 学習文法とは何か

　英語の学習文法とか学校文法は一体どこにあるのでしょうか。教科書の中？　受験参考書の中？『英文法』とタイトルのついた文法書の中？

　いや，どれをとっても英語学習に必要なすべての事項を含んでいるものはないと考えてよいでしょう。

　日本には『英文法』と名のついた本が数多くあります。どれをとっても，そこに学習すべき文法事項がすべて書かれているわけではありません。また，特定の文法事項の記述を比較してみると，必ずしも同じことが書いてあるわけでないことはすぐに分かります。

　手元にある英文法書4冊[2]を比較してみましょう。She is taller than I. か She is taller than me. かについて，A は I, B は I だが略式体では me，C は I だがくだけた言い方では me が普通，D は than I (am)/than you (are) のような例をあげていますが，特に I か me かに関わるような記述はないようです。このように，それぞれの考え方があって，記述は一致していません。

　しかしながら，何となく「学校文法」「学習文法」といったもの

---

2. A: 安井稔『英文法総覧　改訂版』(開拓社, 1996), B: 安藤貞雄『現代英文法講義』(開拓社, 2005), C: 綿貫陽『ロイヤル英文法　改訂新版』(旺文社, 2002), D: 江川泰一郎『英文法解説　改訂三版』(金子書房, 2002)

が存在するように思われています。私の大学でも，入試問題の作成にあたっては細心の注意を払っています。問題作成の会議で，よく「学校文法で教えている範囲」ということが話題に出ます。私はいつも「では，その学校文法はどこにあるの？」と聞きたくなるのです。そういうことを言う人は，多くの場合，自分を基準にしています。つまり，自分が学んだ文法，いま自分の頭の中にある文法が学校文法であるかのように錯覚しているのです。

いま現在，これが日本の英語教育がより所とする学習文法（本書では英語の話をしているので，以下，学習文法といえば英語学習文法のことです）の総体だ，と言えるものはありません。どれかの英文法書あるいは英和辞典を指して「これだ」という人があるかもしれませんが，それはひとりよがりの主張にしかすぎません。第5章でも見るように，英和辞典はどれをとっても数多くの問題点があるのです。

学習文法は，英語の教科書，英和辞典，学習参考書，受験参考書，問題集，それに加えて，教壇に立つ教師の頭の中にあるとしか言いようがありません。そこに存在する英文法の知識の総体を漠然と学習文法と言っているのです。その学習文法には多様な内容がありますが，細かく見るとそれぞれ内容に食い違うところがあります。まったくあい矛盾する説明も珍しくありません。

こんなことを言うと，教壇に立って教えている英語の先生方は，では一体何をより所として授業をすればよいのか，生徒・学生の質問に何をより所に答えればよいのかと問われると思います。もっともなことです。また，いたずらに生徒・学生あるいは英語の先生方に不安感をあおるのではないか，と思われる向きもあるかもしれません。

いま考えるべきことは，すでに広く事実として認められている文法事項をより所に，いま使われている英語を教材にした英語教育を行うことです。教師が昔習った難しそうな文法事項を教室で教えることを止めることで，随分と英語教育の内容が改善されると思います。

また，古色蒼然とした内容を含んだ問題集，受験参考書，あるいは英和辞典の内容を反省し，著者や作問者の勝手な思い込みで作られた英語ではなく，できるだけ現代の英語の姿を反映したものになるように改良する努力をすべきです。

予備校や学習参考書出版社が出している文法問題集や参考書類は，ひと昔前に比べると随分と中身がよくなっています。しかしながら，第3章で見るように，今の高校生や大学受験生が使っている参考書には，文法のための文法事項，文法操作だけを意識した古臭い，著者ひとりよがりの文法解説が頻出します。このような文法を「学習」した生徒や学生は，大学に入ってから受験勉強で習った英語と，新聞・雑誌や，ネイティブ・スピーカーが使う英語とのギャップにとまどうでしょう。あるいは，そのような知識は，実際のいま世界で使われている英語とは無関係なので，頭のすみっこに残って朽ち果てて終わるのです。人生を生きていく上でも，科学を認識する上でもまったく何の役にもたたない「知識」なのです。中には英語教員になって，学生・生徒にそのような知識を再生産，再伝達する人もあるでしょう。最悪の事態です。

例をあげておきましょう。ある大手予備校発行の『入試英文法』（1995年）と題する参考書に，The lawyer （　　） has betrayed us.（信頼していた弁護士が私たちを裏切った）で（　）に入れさ

せる問題があります。選択肢は (a) who we trusted, (b) we trusted him, (c) whom we trusted him, (d) we trusted です。解説を見ると, (a) は trusted の目的語だから who とすることはおかしくて, 目的格で関係代名詞が省略された (d) が正解となっています。しかし, (a) を誤りとすることはできません。(a) は (d) と同等に正しいとされなければなりません。疑問詞・関係代名詞の who は節の先頭に出るときは目的格の役割も果たします。

大学入試でもしこのような問題が出されたら, それこそごうごうたる非難がまきおこり, 新聞沙汰になりかねません。問題集であればよいのでしょうか。私はそうは思いません。

同じ本の中に,（　）our protest against the new law, the government decided to make it into practice.（新しい法律に私たちが抗議したにもかかわらず, 政府はその実施を決定した）の（　）に適語を入れさせる問題があります。選択肢は (a) Though, (b) Even if, (c) In spite of, (d) However です。もちろん正解は (c) ですが, 問題はこの英文です。practice を使いたければ make it into practice ではなく put it into practice とすべきものです。また,「法律を施行する」の意味にするためには put it into effect としたほうがよいでしょう。

このような英語を使って「文法に習熟する」ことは, 百害あって一利なしと断言できます。このような参考書で本当に英語の入試対策ができるのでしょうか。もしどこかの大学がこのような基本的なコロケーションを誤った英文を出題したら, 大問題になることは必至です。

いろいろな問題集や参考書にあるこの種のおかしな記述や問題

は，枚挙にいとまがありません。上で見たのと同じ本から，さらにいくつか問題点をあげておきましょう。

There seems （　） a big earthquake here several hundred years ago. （数百年前ここで大きな地震があったようだ）の（　）に入れる選択肢が，(a) to be, (b) to have been, (c) to happen, (d) to have occurred とあります。解説は次のようになっています。「『地震があった』とはいっても，地震は『できごと』であるから，状態動詞の be で表すことはできない。そこで動詞には happen ないし occur を選ぶことになる。したがって，正解は (d)。」

この論法で accident （事故）なども there was an accident ... などとしてはいけない，などと教えているのでしょうか。「昨夜大きな地震があった」ことは，We had a big earthquake last night. としてもよいし There was a big earthquake last night. としてもかまいません。手近にある英和辞典をみれば，ほとんどがそのような記述をしています。そしてその記述が正しいのです。多くのネイティブ・スピーカーは to have occurred を入れた文は英語としては問題があり，to have occurred を使いたければ，A big earthquake seems to have occurred here .... とすべきだと言います。

同じ本の中にある She has remained a nurse for these twenty years. （彼女は20年間看護師を続けてきた）はどうでしょうか。「看護師のままである」というような日本語を考えているのでしょうが，それであれば has been a nurse か has stayed a nurse とすべきです。has remained a nurse は，昇進もなくキャリアを積んだというような意味に解釈はできないことはありませ

んが，どうもおかしな英語です。なお，for these twenty years も教室英語のひとつですが，these を省いて for (the past) twenty years としたほうが英語らしくなります。

　Why he looked so sick is easy to mention. (どうして彼がそれほど具合が悪そうに見えたのかという理由を語るのは簡単だ) という問題文があります。「理由」は mention ではなく，explain とすべきです。それに文全体がおかしい。全体を書き直して，It is easy to explain why he looked so sick. とでもすべきでしょう。

　I think him to be right because going out in such bad weather may lead to any kind of disaster. (彼は正しいと思います。なぜならば，このような悪天候はどのような災いにも繋がりかねないからです) はどうでしょうか。私は以前に think は *I think him to be honest. のような構文はとらないことを指摘しました (受け身の場合は別です。小著『ネイティブの直観にせまる語法研究』参照。なお，* はその文が正しくないことを示します)。これはどのインフォーマントも一致しておかしいと指摘する部分です。I think he is right .... とすべきです。any kind of disaster もこの文脈ではおかしな言い方ですが，このことについて今は問題にしないでおきましょう。

　このようにして学習文法が恣意的に作られ，教えられているのです。そして多くの生徒がそれを「学習する」という構図は，日本の英語教育の縮図のような気がします。

　私は自分の著作の中に誤植や誤りがあることを恐れて，幾度となく見直します。それでも少なからぬ誤植や思い違いがあり，恥ずかしい思いをします。仮にも英語を教える立場なのですから，

問題文を英語らしく，今の英語を説明する文法規則を問う問題になるように慎重になるべきです。

このようなゆがんだ大学受験対策の傾向があることを反映してか，中学・高等学校の英語教員採用試験問題にも同じようなおかしな問題や，表現そのものが英語らしくない問題文がよくみられます。採用試験問題のおかしな設問・英文は第4章で検討します。

2 文法教育は必要ないか

今までに述べてきたような学習文法の事情を反映してか，文法など必要ないと主張する人があります。今は使わない英語を説明する文法，実際にはありもしない誤った認識にもとづいた文法規則などは，確かに必要ありません。

しかし，文法のない言語は存在しません。母語でない言語を，母語と同じように自然に何の苦労もなしに習得することは期待できません。母語は，生まれてから四六時中耳にして自然と習得するものです。

ですが，母語でない英語を同じような手段で習得することはできません。四六時中まわりから自然と英語が聞こえてくるような環境ではないのです。もしそうであれば，日本語が使えない，英語を母語とする子どもができあがります。

カナダやアメリカなど語学学校に通って英語で英語の授業を受けて，ホームステーをしている家庭で英語だけを使って会話をするというような，いわゆるイマージョン教育 (immersion education) であれば，あえて文法教育などなくてもよいかもしれま

せん。しかしイマージョン教育ですら，文法の授業があるのが普通です。特に書きことばの習得のためには，文法教育は欠かすことはできません。

話しことばの発達だけですますことができるならば，文法の勉強はしなくてもすむかもしれません。しかし，書きことばになると，とたんに文法が意識されます。そう，英語の学習を話しことば中心にやっていては本当の英語の力がつくわけがないのです。書いてはじめて文法意識が芽生えます。それは母語の場合も同じことです。文章を書くということは知的作業そのものなのです。

今日までの書きことば重視の反動で，大学などでも話しことば中心に移行する傾向があるようです。私は話しことば教育の重要性はよく分かっていますし，英語の話しことばの研究を続けています。話しことばには，書きことばと違った規則性が見られるからです。だからといって，書きことばを重視しないなどということは考えたこともありません。

特に知的に高度なレベルの内容を学習しなければならない大学生に，話しことばだけの授業で英語の授業をすますことなどはできないでしょう。

3 ネイティブ・スピーカー信奉について

私は，講演や学会のシンポジウムで第3章，第5章で述べるような，学習文法や英和辞典の問題点を指摘してきました。その時に必ずといってよいほどに出てくる質問に，「そんなことはネイティブ・スピーカーに聞けば分かることだ」とか，「英和辞典にはネイティブ・スピーカーが用例の点検をしたと書いているの

に，なぜそんな正しくない英語があるのか理解に苦しむ」などがあります。

ほんとうにネイティブ・スピーカーの誰かが点検すれば良い辞書ができるのでしょうか。日本語が母語であるわれわれの場合を考えてみましょう。

「生徒のみなさんは運動場まで集まってください」と「2階にいるから，のぼってきて（ください）」という日本語を見てください。いや，声に出して言ってみてください。どこかおかしなところがありますか？　私が学部生や大学院生にこのような例について考えてもらうと，その場にいる人たちの反応は必ずしも同じでありません。

私だったら「生徒のみなさんは運動場に集まってください」「2階にいるから，あがってきてください」と言います。ただ，二つめの例は状況によります。建築中の建物でまだ階段がついていない場合に，ロープにつかまって登ることを想定すると「2階にいるからのぼってきてください」と言います。

ことばについての判断は，このように一筋縄ではいかないのです。近くにいるネイティブ・スピーカーにちょっと聞けば解決するというわけではないのです。

私はもちろん，ある表現が可能かどうかはネイティブ・スピーカーがその表現法を日常的に使うかどうかで決まると考えています。論理が先にあって，その論理に合う表現だけが許されるというような逆立ちした考え方はとりません。

しかしながら，ネイティブ・スピーカーをひとりひとりとってみると，誤りもあり，思い違いもあり，それまでに受けてきた教育の影響もあります。生まれた地域や環境の違いも影響するで

しょう。だから，ことばの問題について，誰かネイティブ・スピーカーに聞けば分かるといったわけにはいかないのです。ネイティブ・スピーカーがその表現法を使うかどうかといっても，個別の人を指しているわけではないのです。言語集団としてのネイティブ・スピーカーなのです。

　私は現代英語の実態を調べるためにしょっちゅうインフォーマント調査を行います。私が扱うような問題は微妙な場合が多いので，10人に聞いて10人が一致するということはまずありません。ネイティブ・スピーカーのことばは，その人の言語経験によって決まります。決してもって生まれた言語直観が決めるものではありません。

　まったく同じ言語経験をしてきた人は二人とないわけですから，それぞれに言語直観が異なると考えなければなりません。本書の第3章12で，付加疑問文の作り方について述べています。英語を母語とする英語教師にいろいろな付加疑問文を作ってもらうと，ばらばらな回答が返ってくることを述べています。言語直観は個人によってかなり違うことがよく分かります。

　最近，次のような英文について16人のインフォーマント（英，米，加，NZ，豪）に調査を行いました。それぞれの文中の（　）の中にwhoを入れるかwhatを入れるかという問いです。

(1)　She is not (　) she was ten years ago.
(2)　I owe (　) I am today to my parents.
(3)　Her parents made her (　) she is today.

(1)ではどちらでもよいと言う4人を含めて16人全員がwhoを選びました。どちらでもよいという人でも，whatを使った場合

は she は人ではなく別物になったとか，まったく別の仕事についたとかというような解釈ができるが，単に人が変わったという場合は who を選ぶと言います。

(2) では who が 2 人，what が 6 人，どちらでもよいと言う人が 8 人でした。(3) では who が 7 人，what が 1 人，どちらでもよいと言う人が 7 人，whom が 1 人でした。

インフォーマント調査をするとだいたいこのようなことになりますから，この結果には別に驚きはしません。これからが言語研究者の腕の見せ所です。研究者は，なぜこのような結果になったのかを説明しなければなりません。そのためには，研究者は今までに蓄積した英語についての知識を総動員し，あらゆる文献を調べ，実際に使われた英語を系統的に収集した英語のデータベース（これを英語の「コーパス」(corpus) と言います）で調査し，自分の論理を組み立てて説明しなければなりません。

(1), (2), (3) の問題については，第 3 章 17 で扱います。続きはそちらをご覧ください。

先に「ある表現が可能かどうかは，ネイティブ・スピーカーがその表現法を使うかどうかということで決まる」と述べました。「可能であるかどうか」の調査自体がなかなか難しい。加えて，なぜそうなるのかという説明を加えるとなると，簡単に「ネイティブ・スピーカーに聞けばよいじゃないか」というわけにはいかないことが分かるでしょう。

さらには，英語と日本語の対応関係を語らずには日本の英語教育になりません。ある英語表現を問題にする場合，どのような場面で使うのか，どのような意図で使うのか，ということから離れて語ることはできません。

ネイティブ・スピーカー信仰だけでは，決して日本の英語教育の中身の改善にはつながらないのです。

4　正しい英語とは何か

さて，ここで改めて，正しい英語とはどのような英語なのか考えておきましょう。本書では，正しい英語とは，世界のどこででも通用する英語と考えることにします。アメリカ英語だとか，イギリス英語だとかいうような区別はあまり意味がありません。ましてやどちらの英語を学ぶか，などということはまったく問題ではありません。

いま現在，英語は世界の至る所で使われています。World Englishes（世界英語）という English を複数で表す場合もあります。World Englishes といっても，それがお互いに通じない「英語」であるならば，それはそもそも「英語」という共通の呼び方自体が間違っていることになります。そして，そのような「英語」をわれわれが勉強しても意味がありません。

しかし，そう言いきってしまう前に補足説明が必要です。たとえば，インドという国家において英語は共通語です。多言語国家であるインドを統一するためには英語を欠かすことはできません。しかし，生のインド英語は，インドという国家内では十分共通語としての役割を果たしていますが，なかなかインド以外の世界では通用しません。

インド英語にはそれを母語とする人たちがいます。そして，文法構造などはほとんど英米の英語と大きな違いはありません。ただ，発音，アクセント，イントネーション，独特の語彙は英米の

英語とはかなり違った特徴があります。しかし，書きことばになると独特の語彙は影をひそめますから，ほとんど他の種類の英語と異なるところはありません。

2005年にアジア辞書学会出席のためにシンガポールに行く機会がありました。シンガポール英語という独特の英語があることが知られています。しかし，シンガポール大学の言語学者と接触してみて，国家政策としてシンガポール英語を排斥し，世界で通用する英語の教育に力を入れている様子を目のあたりにしました。その考え方の根底には，シンガポールだけでしか通用しない英語では，世界的に有用な国にはなれないということがあります。

韓国でも英語教育が盛んです。幼児英語教育も推進されています。しかしやはり問題は，韓国なまりの英語です。英語らしい発音ができないまま英語教師が英語教育を行うとどうなるか。そういうことが問題になっています。韓国でしか通用しない英語では，あまり意味がないでしょう。韓国内では韓国語で用がたせるのですから。

では，日本で教える英語は何を目指すべきでしょうか。これも議論になることがあります。日本語なまりの英語でよいのか，というような議論です。私は日本語なまりの英語で十分だと思います。ただ，教育は日本語なまりの英語を目指すべきではありません。日本語を母語とするわれわれは，いくら修練を重ねてもどうしようもなく日本語なまりの英語になります。しかしそれは結果であって，最初から目指すものではありません。

英語教師は自分の日本語なまりにおじけづいてはいけません。もしそのなまりが strength を「ストレングス」のように6音節

でしか言えないとか，rとlの区別ができないとかであれば，それは修正する努力をすべきだと思います。しかし，それよりも，しっかりとした文法にかなった，英語らしい英語を学び教えることを第一の目標とすべきです。

　繰り返しますが，正しい英語とは現在の世界に通用する英語でなければなりません。そのような英語の素材は，今日ではインターネットを通じていくらでも手に入れることができます。少なくとも今の英語の教科書は，いずれも世界に通用する英語を教えるという意識で作られていると思います。しかし，文部科学省検定教科書以外の，学習参考書，受験参考書，文法問題集，教員採用試験問題，英和辞典などの記述は，本当にいま使われている世界に通用する英語を材料にしているのでしょうか？　それが問題なのです。

　そのような英語学習の根幹をなす場所に，古色蒼然とした英語や，ありもしない文法規則，誤った認識にもとづく解説などが，澱のように固まっています。そこにある少なからぬ内容がそのような抜きがたい性質をもっています。

　正しい英語とは，今の世界に通用する英語としました。では，「世界に通用する英語」とはどのようなものでしょうか。いくつかの条件に分けて考えてみましょう。第3章以降で，具体的な「世界に通用しない英語」の問題を考えます。その時に，どのような理由でふさわしくない表現なのかということを考えるためには，以下で述べるような多様な側面から考えねばなりません。

　ここでもうひとつ例をあげておきましょう。「1990年にハーバード大学を卒業した」は，次の三つのうちどれがもっとも受け入れられる表現でしょうか。

(1) I graduated Harvard in 1990.

(2) I graduated from Harvard in 1990.

(3) I was graduated from Harvard in 1990.

　私は，インフォーマント調査やコーパスによる調査，文献調査など広範囲な調査の結果，『ユースプログレッシブ英和辞典』の中で，(1) もかなり普通になってきているが，まだ学校で教えるのは (2) が適当であると記述しました。(3) はもうすでに古くなって，今では使われることはまれであることも付け加えました。

　このような単純な問題でもなかなか何が正しいかということは簡単には判断を下せないのです。しかし，もし仮にどこかの大学が (1)-(3) のどれかを選ばせるような問題を入試問題の中に入れていたら，それはやはり軽率のそしりを免れないでしょう。

文法にかなった表現

　われわれがことばを話す場合，何といっても文法にかなったことばでなければなりません。英語の勉強の中で「並べ替え」問題をやったことがあるでしょう。Queen, she, the, Elizabeth, is, Second を正しい文になるように並べ替えてください。

　She is Queen Elizabeth the Second. ですね。英語では，主語，述語動詞，補語といった語順が決まっているから，その規則に従えば割と簡単に答えが出るのです。このような語順を決定するのは，おもに文法規則です。この基本的な文法規則に従わないと，お互いに意志を伝え合うことはできません。

　母語である日本語は，まったく文法を意識しなくても自由に話すことができます。だから「日本語を学ぶのに文法など必要ない」

などと考えないでください。母語を駆使する場合，文法が完全に自動化しているだけです。外国語である英語を学ぶのに文法など不要などと思わないでください。文法にかなった英語であることが正しい英語の大事な条件です。

よく「文法的には正しくないが，慣用的にはよく使われる」などということがあります。そして，"Long time no see." が引き合いに出されます。これはアメリカ先住民のことばを英語に逐語訳してできたものだと言われています。このような表現は「イディオム」として，単語と同じように覚えなければなりません。イディオムには文法に合わないものが少なくありません。だからイディオムと言われるのです。

しかし，文法的に正しいというだけでは上手に英語を使っているとはいえません。

世界に多様な英語があるが，それぞれの英語の「文法」に違いはないのか，という点について考えなければなりません。答えは簡単，英語と名のつくかぎり，文法上はほとんど違いがないと考えてよいでしょう。私は『新英語学概論』（八木（編著）（2007a））の中で，世界の多様な英語の姿を鳥瞰しました。その結果，文法的な違いはわずかしか見ることはできませんでした。

慣用にのっとった成句表現

英語に限らず，言語は文法にかなっているだけではその言語らしくなりません。それぞれの言語には言語の習慣があります。日本語では「頭に来る」は何かに腹を立てることを言います。英語で come to a head というと，腫れものが膿をもってくることを言います。言語には文法では説明のつかない単語と単語の結びつ

きがあります。この結びつきの研究を phraseology（成句論）と言います。

「タイヤがパンクした」は英語で何と言うでしょう。よく I had a flat tire. または My tire went flat. と言います。この成句表現を知らずに，日本語を直訳しようとするとなかなか理解してもらえないでしょう。My tire punctured. でも通じるかもしれませんが。

「象は鼻が長い」はどうでしょう。An elephant's trunk is long. でも通じるでしょうが，An elephant has a long trunk. と言ったほうが慣用にかなった表現です。

スワンの語法書（M. Swan (2005)）は，英語を母語としない学生にネイティブ・スピーカーのような成句表現を駆使することは期待できないが，できるだけ成句表現を学習することには意味があると述べています。Thanks a lot. とは言うが *Thank you a lot. とは言いません。I fully understand it. とは言いますが，*I fully like her. とは言いません。英語独特の成句表現を無視した表現にならないためには成句の学習が必要です。

まとまりのある表現

本来，言語学では「まとまり (cohesion)」とは，いくつかの文からなる文章で，前の文と後続の文がばらばらにならないための工夫のことを言います。先の名詞を受けてそれを適切な代名詞にする（*Tom* goes to Harvard. *He* majors in linguistics. では，Tom を he で受けている），すでに述べたことを繰り返さずに省略する（"Are you hungry?" に対して，"Yes, I am *hungry*." とせずに hungry を省略する）といった工夫は，発話や文章の中

で自然と行われているものです。

　このまとまりは、ひとつの文の中でも必要な場合があります。たとえば次の例を見てみましょう。

> I go to school *after breakfast*.

特に強調する場合以外、一般的に時の副詞は文末に来ますから、この文では after breakfast は文末にくるのが自然です。しかし、I have breakfast at seven, and *after breakfast* I go to school. の文中では、後の節の after breakfast は節の先頭に来るのが普通です。最初の節で朝食を7時にとる、そしてその朝食の後で出かけるという話の流れからこのような語順になります（八木（編著）(2007a: 108) を参照）。このような語順を決定するのも、話のまとまりをつけるためです。

　次の文を考えてください。

> I went to a restaurant last night, and I found the owner was Vietnamese. (昨夜、レストランに行った、そして、オーナーがベトナム人だということが分かった)

文の流れから、owner はそのレストランのオーナーであることが明白だから the がつきます。決して an owner とはなりません。もし an owner とすると、何のオーナーなのかが分からなくなります。これも文のまとまりをつけるために必要な冠詞の選択ということになります。

状況や場面にかなった表現

　この世の中には、社会的な上下関係や、家族とそれ以外の関係

の親疎などいろいろな関係があります。私たちはそれに応じてことばを使い分けています。時には堅い丁寧な表現を使い，場合によってはくだけた親しみやすい表現を使います。英語でもそれは同じことです。

あなたの先生に You'd better avoid it. などと言ってはいけません。had better は「…したほうがよい」ではなくて，「…しなさい」という命令の意味になるからです。少し前までは had better を「…したほうがよい」という意味で使うと考えられてきました。それがいつの頃か，実は命令の意味だということが分かってきたのです。このことが明確になるまでは，相手は誰であっても You'd better … を使うことが可能と考えられていたのです。

親が子どもを呼ぶ時は，だいたい「綾子」とか「一弥」，あるいはもっと短くして「アヤ」「カズ」などということもあるでしょう。ところが，「綾子さん」「一弥さん」などと親が呼んだら要注意です。そして，「一弥さん，ちょっとここに来てください」などと丁寧なことばで言う場合は，どうやら大変怒っているようです。

このように，親しい間柄で丁寧で硬い表現を使うと，多くの場合，怒っているというようなメタメッセージを伝えることになります。英語でも同じことで，普通はファースト・ネームで呼んでいる間柄なのに，突然 Mr. Jones などと言うと，何かが起こりそうな感じがします。親が子どもに "Would you come over here and sit down, please?" などと丁寧なことばを使うと，やはり何か不穏なことが予測されます。

このように，丁寧な表現は，場合によっては相手を威嚇したり，

怒りを表したりすることがあります。

　また，話しことばと書きことばの使い分けが大事であることは，日本語で十分に体験しています。だから，英語でも本当はもっと気をつけなければならないのですが，それも教室英語では無視されてしまうことは珍しくありません。

コミュニケーション・ストラテジー

　私の孫娘は今4歳です。4歳になる前はよく，訪ねてきたお婆ちゃんに，「あ，お婆ちゃんや。何しに来たん？」と言っていました。この表現には文法的には何ら問題はありません（関西弁ですが）。しかし，お婆ちゃんは時に傷つくことがありました。「用事がなきゃ行ってはいけないの？」というわけです。

　そう，丁寧ことばだとか，状況にふさわしい言い方がまだ身についていないのです。「お婆ちゃん，いらっしゃい。どうぞおあがり」くらい言えるようになるにはまだまだ時間が必要でしょう。ことばの上で対人関係を良好に保っていくためには，それなりの修養を積まねばなりません。

　このように，同じことを表現するのに多様な可能性があります。私たちは日常生活の中で，常に状況にもっともふさわしい表現をさがして使っています。同じことをことばで表現するのに，もっとも状況に即した表現法を選ぶという言語活動をコミュニケーション・ストラテジー（communication strategy）と言います。

　英語でも同じことです。よく知られていることですが，部屋が蒸し暑いので窓を開けてほしい場合の表現の可能性をいくつか見てみましょう。

Open the window.
Open the window, please.
Open the window, will you?
Will you open the window?
Would you open the window?
Could you open the window?
Could you please open the window?
Would you mind opening the window?
It's warm in here.

最初の五つは命令です。目上の人に Will you open the window? などと言ってはいけません。そうですね，だいたい目上の人にそんなことは頼みませんね。ですが，そんな場合でなくても，同僚に対して Will you ...? とうっかり言って，相手を怒らせる可能性は十分あります。Will you ...? は，われわれが学校や参考書で学ぶ以上に命令口調です。音調によっては脅しにすらなります。

先のコミュニケーション・ストラテジーなどのほか，もっと幅広く，場面や文脈の中でもっともふさわしい表現はどれか，という研究も進んでいます。

please を使えば，どこでもいつでも丁寧になるわけではありません。「どうぞ」と please とを比較してみましょう。一般に please は人に依頼する時に用いるもので，人にものを勧める時には用いません。日本語の「どうぞ，どうぞ」のつもりで *"Please, please!" などと言うと，何だか懇願しているように聞こえます。単独の "Please!" は「どうかそんなことはやめて」の

意味にとられます。また，人に聞かれて道を教える時「二つ目の角を右折してください」には please を使わないで，Turn right at the second corner. と言ってください。右に曲がることを「依頼し」たり，「勧めて」いるわけではないのですから。

いま使われているか

　私は今までに，いろいろな場所で英和辞典や学習参考書などの不備を指摘してきました。その多くは，今は使われないような用法や，とっくの昔に廃用になった語義や用法が，何のしるしもなしに，まるで今でも使えるように記述されているものです。

　次節で少し詳しく見るように，言語は変化します。日本語ではそれを日常的に肌身で感じることができます。若者ことばの「乱れ」として時に新聞やラジオ，テレビをにぎわすのがそれです。言語は生きている限り変化します。人は言語については，どうしても自分自身の言語がことばの善し悪しを決める基準になります。自分とは違う方言を聞くとおかしく感じます。高齢者は若者のことばを聞くと違和感をおぼえることが多いでしょう。これが言語変化の証拠です。

　幼い子どもでも自分の言語経験からことば遣いの正しさについて，判断の基準をもっています。再び私の孫娘に登場してもらいましょう。私には二人の子どもがあります。上が女で，下が男です。この孫娘は長女の子どもです。ある時「一弥君は香ちゃんのお母さんの弟だよ」と聞かされて，「弟は赤ちゃんだよ」と言いました。

　孫娘の世界である幼稚園には,弟がいる友達があるのでしょう。その「弟」君たちは，まだ幼くて赤ちゃんなのです。だから「弟

＝赤ちゃん」という図式ができているのです。いい年をした男をさして「弟」なんていうと、おかしなことを言うものだ、と考えても何の不思議もありません。ネイティブ・スピーカーのことばに対する判断は自分の言語経験にもとづいているのですから、大人の判断もこれと五十歩百歩というところです。

さて、英語の変化は肌身で感じることはできませんが、英語ももちろん変化しています。そして、今の年配の方々が昔習った『山貞』にノスタルジアを感じ、「昔は格調高い英文を学習できてよかった」「難しい構文をよく覚えた」と感じます。そして、そのような英語学習をしてきた人で、その後教壇に立つようになった人は、いま現在話されている英語の文法は簡単過ぎるとか、格調が低いとか、難しい理論を教えることができないと感じます。これも、自分を基準にことばを考える習性から来るものです。

私は以前、小学館のホームページで「語法の鉄人」というコラムをまる5年間連載していました。そこではいろいろな学習文法や英和辞典・和英辞典の不備などの問題を扱いました。

英和辞典の中には、white の意味に「透明な」の語義をあげるものがあります。今は私の書いた記事をみて削除しているものもありますが、少し古い版をみるとその語義が見つかります。電子辞書は改訂が難しいですから、今でも大体残っています。たとえば white glass が「透明ガラス」の意味になるというわけです。私はいろいろと調べてみましたが、どうやら white はこの意味では今では使われないようです。そして、white glass は「白いガラス」の意味でしか使わないようです。

英和辞典の first の項をみると、「もっとも重要な」の意味をあげているものがあります。そして、the first person が「最重要

人物」になるというわけです。この first の語義も今は廃れて，the first person は「一番目の人」であり，もっと分かりやすくするならば必要な情報を付け加えて，the first person to arrive（最初に着いた人）／the first person on the line（列の最初の人）などとすることになります。

　「透明な」の意味の white や，「もっとも重要な」の意味の first にノスタルジアを感じる人もないでしょうが，このたぐいの記述は英和辞典に今でも随分と残っているのです。

PC 表現

　PC とは言語学の世界では Political Correctness の略で，日本語に訳せば「政治的適切性」となります。つまり，今の社会で特定の人をことばによって不快にさせてはいけない，差別を助長してはいけないという理由から避ける表現です。目が不自由な人を a visually impaired person というのがその例です。

　アメリカ黒人もさまざまに表現されてきました。今では Afro-Americans, African Americans が定着しているようです。昔は American Indians と言われていた人たちも，今では Native Americans（アメリカ先住民）です。もともと Indian は「インド人」のことですから，ずっと以前に Indian というような呼称は廃止すべきだったのです。

　同様に，今では Asian Americans（アジア系アメリカ人），Japanese Americans（日系アメリカ人）などと言います。少し前までは Eskimo と言われていた人たちは，今では Inuit と呼ぶようになっています。

　もっと顕著な PC 表現への挑戦は，女性差別と考えられるよう

な -man を使う表現を廃棄し，別な表現を求める傾向です。もともと PC 表現の改革を求めてきたのは，女性解放運動に携わった人たちでした。1960 年代のキング牧師などを指導者とするアメリカの公民権運動は黒人解放に大きな前進をもたらしました。その運動と連動して，1970 年代からの女性解放運動（women liberation movement）が盛んになりました。そして，ことばの中に男性中心社会の姿が見えるとし，そのようなことばに対する修正が行われるようになりました。典型的には男女を問わない役職であるのに -man が使われる用語に対する反省です。

policeman → police officer, fireman → fire fighter, chairman → chairperson のように修正を受けてきました。総称的な「人というもの」を表す man は今では避けられます。これは典型的な女性差別と考えられています。代わりに単数は a person, 複数は people がおすすめです。

ところが，教員採用試験問題[3]をみていると，よく man が使われています。おそらく都道府県によって違うのでしょうが，採用試験の過去問を集めた問題集をみると，その傾向が見られます。おそらく作問者は上記のような傾向を知らないのでしょう。

文脈で明示されていなければ性別が分からないはずの student を he で受けている問題文も珍しくありません。ひとつ例をあげましょう。並べ替えの問題ですが，正しい語順にしてあります。

---

3. 「教員採用試験・精選実施問題シリーズ6」『2008 年度版全国版専門教養英語科の精選問題実施問題』（東京：共同出版）「語彙・文法　空所補充」(pp. 22-23)

> The man whose work is to amuse people who attend a show is an entertainer.
> (ショーに出席している人たちを面白がらせる男は芸人です)［この日本語は少し変ですが，原文の英語にできるだけ合わせたつもりです］

「エンタテイナーは男である」という前提をもっている言い方です。もし女性も含めるならば，the person とすべきでしょう。ちなみに，ある英英辞典の entertainer の定義は，"a person who entertains professionally, e.g. by singing or telling jokes"（歌を歌ったりジョークを言ったりしてプロとして客を楽しませる人）となっています。

上にあげた問題文の作者は whose の使い方を確認したかったのですが，問題文を作るときに PC を考えるべきでした。教員になるような人に課す試験問題では，その点でも，もっと慎重になるべきです。この英文には他にも問題があります。

もし定義文を作るならば，"An entertainer is a person who professionally amuses and interests the audience by a public performance." とでもすべきところです。この文を使って whose の用法を理解しているかどうかを確かめることは無理です。

5　ことばは変化する

最近 BBC 放送を聞いていると television は，'television ではなく tele'vision の発音が普通になっていることに気づきます

(ストレス記号のすぐ後の音節にストレスがあることを示す表記方法をとっています)。ローチほかの『発音辞典』(Roach et al. (eds.) (2003)) の television の発音表記は /ˈtel.ɪ.vɪʒ.ən, ˌtel.ɪˈvɪʒ-, US ˈtel.ə.vɪʒ-/ となっていますが, パソコン上で再生できる音声は, 記号表示の第2番目 teleˈvision となって vi のところが強くなっています。第3番目の US と表記のある発音はアメリカ発音のことです。アプトンほかの『発音辞典』(Upton et al. (2001)), ウエルズの『発音辞典』(Wells (2000)) も同様で, ローチほかの『発音辞典』の旧版 (Roach et al. (eds.) (1997)), ウエルズの『発音辞典』の旧版 (1990年) も同じ記述です。

アメリカ CNN 放送を聞いていても, teleˈvision の強勢をもった発音をするアナウンサーもいます。

CNN 放送の看板アンカーのひとりポーラ・ザーン (Paula Zaan) は, Australia を /ɔːstˈreiliə/ ではなく, /ɔːstˈrɑːliə/ と発音します。ローチほかの『発音辞典』では /ɒsˈtreɪ.li.ə, ɔːˈstreɪ-, ɑːˈstreɪl.jə, ɔː-/ となっており, ポーラ・ザーンの発音にあたる記述はありません。上記のウエルズ, アプトンほかの『発音辞典』も同様です。オーストラリア英語辞書である『マコーレー辞典』(*The Macquarie Dictionary*, 1987年版), 『オーストラリア英語辞典』(*The Australian Concise Oxford Dictionary*, 3rd ed., 1997) にも /ɑː/ の発音はありません。しかし, ボラードの『固有名詞発音辞典』(Bollard (ed.) (1998)) では, /eː/ の発音を記しています。Australia という国名ひとつとっても, 発音は多様なのです。

次に, clothes の発音をとりあげてみましょう。少なくとも,

日本の学校では /klouðz/ の発音を教えているでしょう。もとは（「正しくは」とは言わないでおきますが）この発音でしたが，現在では /ðz/ の煩わしい発音を避けて，/ð/ 音を落として /z/ とすることが英米では普通になっており，確立していると考えられます。上記の発音辞典はいずれも①/klouðz/，②/klouz/ 両方の発音を認めていますが，扱い方が微妙に異なります。ウエルズは，イギリス発音では①を先に②を後に置き，アメリカ発音ではその逆になっています。アプトンほかの発音辞典は，イギリス発音では①を，アメリカ発音では①と②をあげています。ローチの発音辞典は，英米ともに①と②の両方の発音をその順であげています。

　ここで英語の発音と綴りの関係について少しふれておきましょう。ドイツ語やフランス語では綴りを見ると大体発音が分かります。ところが，英語では綴りと発音とはかけ離れています。know では k の綴りは発音しません。しかし，古い英語では発音していたのです。発音は消失したが，綴りでは残っているのです。英語にはそのような例はいくらでもあります。

　長期にわたって徐々に音の脱落が確立したのですが，過渡期にはおそらく年配者が若い人のことばを「近頃の若い者は know の k 音を落とすようなぞんざいな発音をして困る」などと言っていたに違いありません。ではそのような発音の変化がいつ頃起こったのでしょうか。中尾俊夫『音韻史』(1985) の記述を見てみましょう。

　　(i)　　know, knock, knight の語頭の /k/
　　(ii)　 climb, limb の語尾の /b/

(iii) night, knight, thought の gh で表されていた /t/ の前の /ç/

(iv) sing, song, thing の語尾の /g/

(i) は 17, 8 世紀に始まり，さまざまな経緯を経て現代に至って完全に落とされるようになったようです（pp. 406f.）。

(ii) は，中英語期（1100-1500 頃）の 1300 年頃から始まり，方言によっては近代英語期（1500 年から現在まで）に入っても続いていたようです。現代英語でも，assemble, nimble, tremble の /b/ 音が落とされることがあるそうです（p. 404）。

(iii) は，中英語期の後期から近代英語初期の比較的早い時期に確立したようです（pp. 412ff.）。

(iv) は，17 世紀に始まり，17 世紀中には規則的になったようです（pp. 408ff.）。

このように，発音にしても長い時間を経てだんだんと変化していくのです。発音の変化はかなり分かりやすいのですが，文法規則や語の意味変化・用法変化を跡づけるのはなかなか難しいのです。だからこそ，古い語義や用法が英和辞典の中に厳然として残ったまま放置されているのです。

まとめ——学校で教える英語はどうあるべきか

今まで述べてきたことで，学校で教えるべき英語と英文法のあり方が明らかになったと思います。学校で教えるべき文法は，今の世界に通用する英語を説明する文法でなければなりません。400 年も前のシェイクスピア時代の文法は必要ないのです。また，

辞書でも文法書でも，少なくとも「現代英語の学習」を意識したものであるならば，シェイクスピア，マロリー，ハーディーなどといった時代独特の語義や用例などは必要ないのです。

　ところが，上述の基準から考えておかしな試験問題，参考書の記述，文法解説などがたくさんあるのが現実です。

第 2 章

学習文法の形成

はじめに

　この章では，日本の今の学習文法がどのようにして形成されてきたかを概観します。前の章で述べたように，学習文法といってもそれが完全にまとまった形で存在しているわけではありません。英和辞典，英文法書のほか，予備校の問題集，あるいは学習教材として市販されている問題集など，種々雑多な要素から成り立っています。しかしながら，いくつかの柱を考えることができます。

　第一に，明治時代後半から急速にわが国独特の学習文法が形成されてきた歴史があります。それを形成した中心人物は，何といっても斎藤秀三郎です。この時期に形成された学習文法は，今日まで文法書と英和辞典の中に脈々と受け継がれています。

　第二に，イギリスを源流とする規範文法です。規範文法の伝統は今でも脈々と受け継がれています。そして，その内容が日本の学習文法にも色濃く影響を残しています。この規範文法が，明治時代後半から急速に形成されたわが国独特の学習文法に大きな影響を与えています。

　第三に，市河三喜が始めたとされる日本における科学的英文法の歴史です。日本の初期の科学的英文法は，第一にあげた斎藤秀三郎が作り上げた古い記述や恣意的な文法規則からの脱皮が大きな課題であったようです。日本の科学的英文法の歴史は，今でも脈々と受け継がれています。そして，その研究成果は慣用法辞典，語法辞典などのまとまった形で利用できるようになっています。

　第四に，現在でも続いている『英語教育』誌（大修館書店）に連載中の「クエスチョン・ボックス」シリーズです。これを「対

話式の英文法形成」と呼ぶことにします。これは第三の「科学的伝統文法」と密接なつながりがあります。その役割は何と言っても，英語教育の観点からの英語に関するあらゆる疑問・質問に答えることでした。その回答は，まとまって記述された英文法書からこぼれ落ちた記述の補完の役割，あるいは英文法書に対する疑問・質問に答える役割を果たしてきました。

このような歴史の流れを見ると，第一と第二の流れの中に多くの問題があり，第三がそれに対抗し，第四が第三の成果をまじえながら，英文法書や辞書に書いていないことを含めて広く一般に解説してきたという構図が浮かび上がります。

以下，日本の学習文法形成の中心となった要因をひとつひとつ述べていきます。その前提として，われわれがどのようにして英語と接触をもち，どのようにして英語を学習し，英和辞典を作っていったかを述べておくことにします。その知識は，後の章の理解に欠かすことができません。

そこで，まず江戸末期の英語との接触，それに対する対応，英和辞典の誕生とその歴史を述べます。それから，学習文法の源流となった諸要因をひとつひとつ概観していくことにします。

1 英語との接触と英和辞典の誕生

日本へ最初に来た英語国民は，イギリス人のウイリアム・アダムズ (William Adams, 1564-1620) でした。日本名を三浦按針といい，徳川家康の保護を受けました。しかし，鎖国の始まりとともに英語も忘れ去られたと思われます。

1800年前後からアメリカ，ロシア，イギリスなどの脅威がま

すにつれて，英語の研究が急速に進んでゆきました。このような中で，オランダ語やフランス語などの外国語の学習を世襲で任されていた長崎通詞たちの研究成果として『諳厄利亜興学小筌』(1811)，『諳厄利亜語林大成』(1814) という英単語集が作られました。

幕末 (1853)，ペリー提督率いるアメリカ太平洋艦隊が江戸沖に姿を現してからさらに英学が盛んになり，たちまちのうちに堀達之助編集になる『英和対訳袖珍辞書』(1862) ができ，日本人の英語学習に貢献しました。

その後，数多くの英和辞典や和英辞典が作られました。その中の英語研究の歴史上の巨人，斎藤秀三郎の数々の著作を抜きにして，現在の学習文法，英和辞典の問題を語ることはできません。今日の日本の学習文法形成に大きな影響を与えた英和辞典の歴史を概観しておきます。

私は英和辞典の歴史を，(1) 1861年までの「原初的単語集期」，(2) 1863-1910年の「翻訳期」，(3) 1911-1926年の「日本人のための英和辞典期」，(4) 1927-1966年の「共同編纂期・第一次学習辞典期」，(5) 1967年から現在に至る「第二次学習辞典期」，に分けることにしています。

2　日本の英和辞典の歴史

(1)　1861年以前「原初的単語集期」

ペリー率いるアメリカ海軍艦隊が日本に開国を迫ったのは，江戸時代末期 (1853) でした。しかし，前節で触れましたが，それまでにすでに英単語集のようなものが作られていました。これが

第1期で,『諳厄利亜興学小筌』(本木正栄ほか, 1811) がこの時期に作られました。直後, アルファベット順に単語を配列した『諳厄利亜語林大成』(本木正栄ほか, 1814) が出されました。これらは蘭英辞典 (Dutch-English) をもとに蘭学者が作ったもので, 19世紀最初の頃のイギリスとの接触による英語研究の必要性から生まれたものです。この間の事情は武田 (1982) に詳しく書かれています。

これら二書をみると, 発音はオランダ語なまりの英語という感じがします。any は「アーニ」, sometimes は「ソメテメス」という具合です。

(2) 1862-1910年の「翻訳期」

ペリー来航以来, 幕府は蘭学者に「英学」の研究を命じ, 初めて本格的な英語の研究が始まりました。その結果, 早くも1862年には, 堀達之助ほかによる『英和対訳袖珍辞書』ができました。これは, *A Pocket Dictionary of the English-Dutch and Dutch-English Languages* を日本語に翻訳したものです。薩摩藩の数人が, この辞書をそっくりそのまま写した形で『和譯英辞書』(1869), 通称『薩摩辞書』を作りました。この改訂版が『大正増補和訳英辞林』(1871) です。他にもいろいろと英和辞典ができましたが, 基本的には英英辞典やオランダ語・英語辞典の翻訳です。

このような辞書の中に, 英語の語彙に対応する日本語の語彙が記録されていきました。社会 (society), 市民 (citizen), 民主主義 (democracy), 科学 (science) など数えきれません。わが国では西洋の文物の流入以前から文化的レベルが高く, 定義をその

まま日本語に訳すのではなく，対応する日本語（「漢語」も含めて）を決めてきました。これが第2期です。

(3)　1911-1926年の「日本人のための英和辞典期」

明治末期，完全な翻訳の時代を終えて，新たに日本人のための独自の工夫を凝らした辞書が作られるようになりました。これが第3期です。それぞれ，単なる外国の辞書の引き写しではないいろいろな面で独自の工夫をこらしてきました。この時期の英和辞典は後世の英和辞典に多大な影響を与えたので，その中心的なものを，初版発行年，編者名とともにあげておきます。

(i)　『詳解英和辞典』(1911)

編者は入江祝衛。わが国で初めての語法に注意を払った英和辞典といえます。この辞書の用例や語法解説は，アメリカの辞書 William D. Whitney, *The Century Dictionary, An Encyclopedic Lexicon of the English Language* (1889-1891) に負うところが多いといわれています。出版年がCOD[1]と同じですから，アメリカの辞書の影響を受けたとすれば，それは後述の『熟語本位英和中辞典』とは好対照をなします。この辞書がそれ以後の英和辞典に与えた影響は比較的少ないようです。

1.　*Concise Oxford Dictionary of Current English* の初版。1911年発行。もとは OED (*Oxford English Dictionary*) の簡約版で，現在11版まで出ています。日本では古くからもっともよく利用されてきた英英辞典です。

(ii) 『模範英和辞典』(1912),『模範新英和大辞典』(1919)

編者は神田乃武。この辞書はその後,『三省堂英和大辞典』(1928) として生まれ変わりました。編者のリストには多くの学者・軍人の名前がありますが,英語の専門家は神田乃武であり,次の時代の「共同編纂」とは様子が異なります。

(iii) 『井上英和辞典』(1915)

編者は井上十吉。この辞書は,次にあげる『熟語本位英和中辞典』のライバル辞書でした。いずれも COD をおおいに参考にしたことが知られています。

(iv) 『熟語本位英和中辞典』(1915)

編者は斎藤秀三郎。入江祝衛と斎藤秀三郎は日本で英語を学びましたが,神田乃武はアメリカに 8 年間留学,井上十吉はイギリスに 9 年間留学しました。特に斎藤は「正則英語学校」を興し (明治 29 年,1896),正しい発音による英語教育の普及を図りました。『熟語本位英和中辞典』の後世の英和辞典に与えた影響は大きく,第 3 章以下の随所でふれることになります。

(4) 1927-1966 年の「共同編纂期・第一次学習辞典期」

これ以後は,私の分類では第 4 期になります。この時期は,単独のスーパーマン的な編者だけでなく,共同作業の時期になり,同時に学習者向けの辞書も作られるようになりました。学習者向けの英和辞典というのは,英語学習に役立つと考えられるあらゆる事項を盛り込んだ辞書で,学校で英語を学んでいる人たちを意識して作られた辞書をさします。第二次の学習辞典期は 1967 年

また，共同作業によってできた代表的な英和辞典が『新英和大辞典』です。

(v) 『新英和大辞典』(研究社，1927)
　初版の編者は岡倉由三郎。改訂を重ねて，現在は『研究社新英和大辞典』として第6版まで出ています。この辞書は文字どおり，英語と日本語の架け橋としての役割を果たしてきました。したがって，当時の英語理解の度合いを反映していろいろな問題点があります。問題点には前述の『熟語本位英和中辞典』から引き継いだものも少なくありません。そのような意味でも，英和辞典史の中できわめて重要な役割を果たしてきました。

(vi) 『三省堂英和大辞典』(1928)
　編者は三省堂編纂所。この辞書は本来『新英和大辞典』に対抗すべきものでしたが，特にウェブスター式の複雑な発音表記を採用するなど，非常に難しい記述方法をとっており，今でいうユーザー・フレンドリーでないために改訂を重ねることはありませんでした。

(vii) 『英和大辞典』(冨山房，1931)
　編者は市河三喜，畦柳都太郎，飯島廣三郎。英和大辞典としては第3番目になります。私の手元にあるのは，昭和廿八年八月廿五日　修訂増補第拾版発行 (1953) ですが，1931年版とはそれほど変わっていないと思われます。「はしがき」によれば，語彙選択にあたってはCODとFunk & Wagnalls, *Practical*

Standard Dictionary を参考にしたとありますが,この時代になれば,英米の辞書を広く参照していたことは間違いないと思われます。

冨山房『英和大辞典』の時代で比較対象となる大辞典は『研究社英和大辞典』第2版 (1936年) ですが,冨山房『英和大辞典』の内容の充実ぶりには遠く及びません。坪内逍遥の訳文付きのシェイクスピアからの引用と,「國譯聖書」の「譯文付き」(原文のママ)の聖書の引用は,今日でもその価値を失わないと言えるでしょう。今の英和辞典には,シェイクスピアや聖書の引用であることを記さずに用例や成句,語義をあげているものがあるのと対照的です。

(viii) 『岩波英和辞典』(岩波書店,1936)

編者は島村盛助(もりすけ)・土井光知(こうち)・田中菊雄。この辞書は,1951年に新増補版,1958年に新版が出されました。OED (「はしがき」では古い呼び方のN.E.Dを使っています), COD, POD[2] などを克明に読んで参考にしたという正直な記述があります。その点,『熟語本位英和中辞典』のような個性的な辞書からの直接的な影響はないように思われます。

しかし一方で,1958年版でも,OED はもちろん COD の古い版を参照していることから来る内容の古さはまぬがれてはいません。

---

2. *Pocket Oxford English Dictionary*。もとは COD よりさらに圧縮した内容。初版は1924年。現在第10版 (2005) まで出ています。

(ix) 『簡約英和辞典』(研究社，1941)

編者は岩崎民平(たみへい)。『研究社英和大辞典』第2版をもとにした簡約版として編纂されました。英和大辞典より手軽に使えるということもあって，一般への影響は大きかったと思われます。私は学生時代に他の小型英和辞典と並行して，『簡約英和辞典』をよく利用しましたが，それは1956年の改訂版でした。初版と比較してもそれほど記述に大きな変化はありません。

(x) 『三省堂クラウン英語熟語辞典』(三省堂，1965)

大塚高信(編)。戦後の画期的な英和辞典『研究社英和中辞典』(1967)が出る直前に出た熟語辞典です。収集した熟語の豊富さは他に類をみません。ただし，問題は収集された熟語には古いものが多いことです。また，いわゆる一般的な熟語の定義である「構成要素からは全体の意味が分からない」というものに限らない点が特徴です。

(5) 1967年から現在に至る「第二次学習辞典期」

私は，英和辞典の歴史を考える上で，1945年（昭和20年）が区切りとは考えません。戦後の20年余りは，少なくとも学習英和辞典に関しては，戦前からのものを若干の手直しをしながら版を重ねてきました。抜本的な新しい試みを盛り込んだ学習英和辞典は，1967年の『研究社新英和中辞典』の出現を待たねばなりませんでした。これ以後，第二次学習英和辞典期が始まるとするのはその理由によります。これをきっかけに，今や大小さまざまな英和辞典が100種類は出されているでしょう。

先にも述べましたが，学習辞典というのは，日本の英語学習者

にとって有益と考えられるあらゆる情報を盛り込んだ辞書です。一般向けの，たとえば『コンサイス英和辞典』などには，語法の情報，発音上の注意，文化情報などといったものは極力控えた扱いになっているのと対照的です。

さて，私の経験から言えば，大学卒業までは，英和辞典では『コンサイス』の 1959 年版，『ポケット英和辞典』(1949)，『岩波英和辞典』(1936)，『簡約英和辞典』(1941) などを次々と使っていました。英英辞典では ALD[3]，POD，COD も使いましたが，今から考えれば，随分と古い英語を学んでいたものです。

大学に入って，アメリカ人やイギリス人と接する機会が増えるにつれて，辞書にある用例を使って話したり書いたりすると，よく「そんな古い英語は今は使わない」「そんな英語は使わない」などと言われたことは記憶に新しいところです。この経験が私の今の問題意識につながっているのです。

『研究社新英和中辞典』(初版 1967，2 版 1968，3 版 1971，4 版 1977，5 版 1985，6 版 1994，7 版 2003) は，後続の英和辞典の中身に影響を与えています。この新しいタイプの英和辞典からも，古い語彙・語義・用例・用法がなくなっているわけではなかったのです。後続の辞書がそれに輪をかけて古い情報をとりいれたという事情があります。

このような問題意識を前面に出して，まったく新しい編集方針をとったのが，『ユースプログレッシブ英和辞典』(小学館，2004)

---

3. *Advanced English Dictionary* (1963)。日本の英語教育に貢献した A. S. Hornby の辞書。改訂されて OALD になります。

です。ほぼ全面的に，従来の語義・用法・用例を見直し，従来の記述を踏襲することを極力避けました。同時に，新しい知見を盛り込んだという意味では，いささか手前みそですが，画期的な内容を持っていると考えています。

COD 初版は 1911 年に出されました。この辞書は大きく OED によっています。OED は 19 世紀から 20 世紀にまたがって，40 年間 (1888-1928) もかけて出版されたものです。準備段階から数えると 70 年間の大事業です。その辞書が利用した資料は，基本的には 19 世紀とそれ以前のものと考えなければなりません。今から考えれば OED で使われた最新の資料でも 150 年以上前のものということになります。そのような資料を使った OED をもとに COD ができた。その COD を利用して英和辞典が作られた。そして，それに続く辞書がその英和辞典を参考にして作られてきた，ということになります。

考えてみれば，英和辞典に種々の問題があるのは，ある意味であたりまえのことです。まわり回って 19 世紀以前の資料をもとにした記述が少なからず残っているのです。今の英和辞典 ← 1915 年前後の英和辞典 ← COD ← OED ← 19 世紀以前の言語資料という図式で考えると理解しやすいでしょう。ただし，今の英和辞典はいろいろな要素から成り立っていますので，上の図式は単純化していると考えてください。

3　イギリスの規範文法

英語の文法は言うまでもなくイギリスで始まりました。英語は今では世界で使われるまさに lingua franca（共通言語）の役を

果たしています。しかし，400年前は文法書一冊なく，綴字は不統一で語彙も不足な言語でしかありませんでした。それが200年間の試行錯誤の後に，18世紀後半には急速に綴字も発音も文法もその標準と規範を作り上げてきたのです（渡部昇一『英語学史』(1975) の「はしがき」によります）。

最初の文法書はブロカーの『簡略英文法』(W. Bullokar, 1530頃–1590頃) の *Bref Grammar for English* (現代英語では Brief English Grammar) です。その後，この種の文法書はいくつか出版されましたが，マレーの『英文法』(L. Murray, *English Grammar, Adapted to the Different Classes of Learners: with an Appendix*, 1795) がほぼ今の時代に残る古典となりました。そこで述べられた次のような点がそれ以後の文法の基本的な形になっています。

(i) 名詞，形容詞，副詞，動詞，接続詞，間投詞，前置詞，代名詞，冠詞の9品詞を認めた。
(ii) 名詞に主格，所有格，目的格の三つの格を認めた。
(iii) 現在，過去，未来，現在完了，過去完了，未来完了の六つの時制を認めた。
(iv) 直説，命令，可能，仮定，不定の五つの法を認めた。
(v) will, shall の用法を指定した。

このマレーの文法は，その後19世紀の終わりまで約100年間の英語の教育と文法書に影響をもち続け，このマレーの文法が正しいことば遣いの規範とされてきました。クリスタルの『英語百科事典』(D. Crystal (1995: 192)) によると，19世紀の間に世界で1000冊以上の英文法書が出されたということです。

この規範文法の大きな特徴は，言語材料を文学作品，宗教関係の文書，学術書などからとってきて，それを分析することが主体であったことです。したがって，格調の高い書きことばが文法の規範となっています。この考え方の伝統は，日本の英語教育の中身に色濃く残っていることが分かります。第1章であげた，to 不定詞の名詞用法を説明するのにわざわざ18世紀の詩から引用するというのもその表れです。

日本の英語教育の批判として，英文法など不必要だ，もっと話しことばに重点を置くべきだといった考え方は，このような現状を認識した上での軌道修正の提案であれば，しごくまともな発想ということになります。

規範文法としてよく知られている事項をいくつかあげておきましょう。以下であげる事項は，ひと昔前のTOEFL[4]にも文法問題として出題されていました。現在のTOEFLは今の英語を反映したものになっています。

以下の(1)-(5)は，ひと昔前のTOEFLの問題で，文法的に誤っている箇所を指摘させるものです。イタリックの部分がなぜ誤っているかを，規範的語法書として今でも使われているベリーの『英語語法のよくある間違い』(T. E. Berry (1971)) から [ ] 内に引用しています。

(1) *To completely understand* the situation requires more thought than he has given thus far.

---

4. Test of English as a Foreign Language。英語を母語としない人が，おもに北米の大学に留学する場合に受験する英語力の標準テスト。

(その状況を完璧に理解するためには，彼が今まで考えてきた以上に頭を働かさなければならない)

[この文のように，to 不定詞の to と動詞の原形の間に副詞を入れるのは正しい用法ではない。異様で不格好な形ができてしまう場合以外は避けるべきである]

(2) We knew that they would have more trouble getting there in time *than us*.

(彼らは私たちよりは苦労してそこへたどり着くことは分かっていた)

[比較級をつくる than は接続詞であるから，その後に来るものをできるだけ補って，主格の場合は主格になるような選択をしなければならない]

(3) a. If *anyone* happens to call while I am out of the office, please have *them* leave a message for me.

(もし私が社外に出ている間に誰かが電話をしてきたら，伝言を残させてください)

b. If there were nothing unusual to look forward to, *one* wouldn't want to get up in the morning, would *they*?

(何か尋常でないことが予測されない限り，早起きなど誰もしたいとは思わないでしょう)

[everyone, someone, one, no one, nobody はすべて単数扱いにしなければならない]

(4) He entertained us with lively descriptions of his adventures in traveling and amusing stories of remarkable people *who* he had met abroad.

(彼は旅行中の冒険や海外で出会ったすばらしい人たちのおもしろい話をいきいきと描写して楽しませてくれた)

［who は人についてしか使われない。また，主格であることを忘れてはならない。この場合は met の目的語であるから whom が正しい］

(5) I wish that he *wasn't* so lazy; he would find learning a language easier and more fun.

(彼がそんなに怠け者でなければよかったのだが。言語を学ぶのはもっとやさしくもっと楽しいことが分かっただろうに)

［仮定法は，すべての人称で were を使わなければならない］

　(1)‒(5) のような「文法規則」はどこかで見たことがあると思う方も少なくないでしょう。このような規則は (3b) を除いて，英語の実態を反映していないことは，言語事実にしっかり立脚した記述的な立場の辞書や文法書を開けばすぐに分かることです。このような問題には，ことばの「正しい」使い方を指定する規範文法の典型的な姿があります。そして，日本の英語教育にも影響を与えていることは否定できないところです。

　25 年ほど前，ある大手予備校が出していた文法書に，詳細な will と shall の古典的な用法の違いを書いたものがありました。私はそれに気づいて愕然としました。私が高校生のころはまだ，意味的に「単純未来」と「意志未来」に分け，「単純未来」では I shall, you will, ... などと覚え，「意志未来」では I will, you

shall, he shall, ... などと覚えたものです。それがいつの間にか時代遅れであることが分かって教えなくなっていたのです。そこにまたもやその予備校が復活させたというわけです。この will, shall の使い分けは，マレーの文法で確立していました。そして，次節で述べる斎藤秀三郎の『実用英文法』(*Practical English Grammar*, PEG) にもちゃんと書かれています。1900 年前後ではまだこのような区別をしていたかどうかは私には分かりませんが，少なくとも今では特に you shall, he shall などという言い方は実際の英語ではまずお目にかからないでしょう。

規則を定めてそれに言語使用を従属させようとする規範文法に対して，言語の実態をあるがままに受け入れて記述し，そのなかにひそむ規則性を見つけ出そうとするのが，科学文法 (scientific grammar) と呼ばれる立場です。規範文法と科学文法とは，多くの面で鋭く対立するものです。

4 斎藤英文法

日本で初めてといってよい体系的な学習文法である PEG が出されたのは 1898-1899 年です。[5] 最初の科学的な英文法書と言われるヘンリー・スイートの『新英文法』(Henry Sweet, *A New*

---

5. 豊田實は『日本英學史の研究』で，日本の「英学」の歴史を振り返り，1800 年頃からの英語研究の古い文献を検証した後で，次のように述べています。「以上のやうな次第で，我が國では英文典は先ず蘭通詞，蘭學者によって學ばれ，安政開國以來その初歩の知識は可なり普及するやうになつた。然し日本における英文法研究を眞の研究の域に進めた人は齋藤秀三郎であつた。」(p. 250)

English Grammar, 2 vols.) が出たのが 1881 年から 1898 年であり，あい前後していることが分かります。私の手元にある PEG は，1 冊にまとめられた名著普及会の復刻版で，昭和 55 年 (1980 年) の発行です。

斎藤秀三郎の著作になる英語教科書には，PEG のほか，*Advanced English Lessons*, 1901-2 / *Monographs on Prepositions*, 1904-6 / *Class-Books of English Idiomology*, 1905 / *New Higher English Lessons*, 1907-8 / *Studies in Radical English Verbs*, 1909-11 などがあります。

これら斎藤秀三郎の著作はどのようにして生まれたのでしょうか。今の時点で詳細な比較をする余裕はありませんが，私の手元にある規範文法書のバスカービル＆シーウェル (W. M. Baskevill & J. W. Sewell, *An English Grammar for the Use of High School, Academy, and College Classes*, 1895)，ネスフィールド (J. C. Nesfield, *Manual of English Grammar and Composition*, 1908)，ソネンシャイン (E. A. Sonnenschein, *A New English Grammar*, 1916) と PEG を比較してみると，その基本的な枠組みの類似性は一目瞭然です。

斎藤秀三郎は，当然イギリスなどの規範文法を参考にしていました。先に述べたマレーの文法が英文法の基本になっていたのですから，それ以後の規範文法はそれぞれの著者による異同はあっても，基本はあまり変わることはありません。約 200 年間の文法家の試行錯誤の集大成であるマレーの文法は，単にマレー個人の文法というよりは，イギリス人あるいは英語国民全体の財産であったからです。斎藤秀三郎がそこに基礎をおくことに何の不思議もありません。

PEG の品詞は，名詞，冠詞，形容詞，代名詞，動詞，副詞，前置詞，接続詞，間投詞の9品詞になっています。人称代名詞の格は，主格，所有格，目的格の三つになっています。時制は，現在，過去，未来，現在完了，過去完了，未来完了の六つを認めています。法は直説法，命令法，仮定法，条件法を認め，マレーの五つの法とは異なります。これは全体から見れば些細な違いであろうと思われます。

ここで大事なことは，これらの規範文法の全体的な枠組みを踏襲しながらも，前置詞や動詞の詳細な記述をはじめ，個別の単語や成句の用法を詳細に述べるという，日本人に役に立つ情報をふんだんに取り入れていることです。

中には，今でも規範文法が禁止する「分離不定詞」(split infinitive) の規則はしばしば逸脱され，動詞の直前に置かれる副詞が to と動詞の間に割り込むことがある (PEG, p. 369) という記述があります。そして，用例に次のようなものがあります (イタリック，訳は筆者)。

(1) He advised me *to seriously consider* the matter before taking the step.
    (彼は一歩を踏み出す前にそのことをよくよく考えるよう忠告した)

独自の研究の中には，今日までもよく知られている事項がいくつもあります。すでに見ましたが，「クジラの法則」の文は PEG に発するものです。

p. 322 に，Have you been in America? が正しくて，Have you gone to America? は正しくないという記述があります。こ

れもよく知られている文法事項です。ひょっとして，学校で今でも教えているか，あるいは習ったという方もあるでしょう。

　私は今から 30 数年前に，雑誌『英語教育』(1972 年 10 月号 FORUM 欄) に投稿したことがあります。趣旨は，書き置きで I *have gone to* a wedding.（結婚式に行ってきます）とすることがあり得ること，それと，アメリカ英語では I *have gone to* America. は「行ったことがある」の意味で使われるということを主張しました。さっそく翌月号には中村敬氏がそれに賛同し，補足の説明を加えました。これももとは PEG に発する文法規則に対する修正だったのです。

　p. 323 に，I have been in Nikko.（日光へ行ったことがある），I have been to Nikko.（日光へ行ってきた）という区別をする記述があります。これについて，『英語青年』誌上で論争があったのはずっと古い昔のことです。今ではこのような区別を主張する人はないと思います。

　p. 392 には，Do it at once. を Let it be done at once. とする受け身の説明があります。これについては，受け身の対応関係でないし，Let ... の文の意味がよく分からない英語になっていることを第 3 章 13 で考察します。

　p. 178 に He is my senior [junior] by three years. の例があります。年長［年少］であることを言う表現ですが，今ではこのような使い方はまれであることを第 3 章 11 (pp. 91ff.) で考察します。

　Saito's Class-Books of English Idiomology (I) *Verbs* (名著普及会，1983) には，さらに私たちにはなじみ深い次のような用例が出てきます。中には，今は使わないなどと議論の対象になっ

たものがあります。

 (2) I am not a bird; I can not fly. → *If I were a bird*, I would fly to you. (Verbs Part First, p. 5)

私たちになじみのこの書き換えは、やはり斎藤に発するようです。この英文そのものには何の問題もありません。古典的名作です。

 (3) *How came* you to know him?
           (Verbs Part First, p. 13)

この用法をそのまま載せている英和辞典もありますが、今は使いません。私は以前、『英語教育』(2004年10月号) のクエスチョン・ボックスで、ある学習英和辞典がこの成句をあげているという指摘に対して、今は使わない古い形であると回答しました。

 (4) *To err* is human, to forgive divine.
           (Verbs Part Second, p. 8)

先 (4ページ) にもあげましたが、不定詞の名詞用法を説明するためのこの用例は、やはり斎藤に起源があるようです。

 (5) He *makes it a rule* to side with the weaker party.
           (Verbs Part Second, p. 12)

make it a rule to ... は今は古くなったということがわかっています。

 (6) They sell the book very *dear*.
           (Verbs Part Second, p. 23)

私の若い頃、「学生が『値段が高い』ことを言うのに dear を使う」

と言ってアメリカ人教師が笑っていました。とても古い語です。

(7) The bed has been *slept in*.
(Verbs Part Second, p. 48)

この受動文は，かなり特殊な文脈でしか使われませんが，今でも一部では教えているようです。

(8) I will *make you a teacher*. = I will make a teacher of you. (Verbs Part Second, p. 102)

この用例は今でも英和辞典にあるようですが，私は『新しい語法研究』(1987) で I will make you become a teacher. との違いを論証しました。一般的には，主語の「私」が大きな権限を持った人であれば不可能なことではありませんが，人を本人の意思と関係なく「教師にする」ことができる人はまれです。普通は，「意思をもたせる」という意味にするために，使役動詞としての make を使って，make … become a doctor などとするほうが自然です。

大村喜吉『斎藤秀三郎伝』(p. 196) は，「昭和三十年代の英語法あるいは英文法に関する質問箱とか投書欄に斎藤秀三郎の文典や辞書への言及もしくは引用を見ることが屢屢である」(ルビは筆者) と述べています。

私が英語学研究を始めた頃 (1965 年頃) には『熟語本位英和中辞典』の編著者として以外には，もうすでに斎藤秀三郎の名前はほとんど聞くことはありませんでした。学問的な研究の参考文献としては名前が隠れてしまったのに，その影響は脈々と日本の英語教育の中で続いていたのです。

斎藤文法も今の英語で通用する部分は何も問題ないのですが，そうでない部分をどのようにして排除していくかは真剣に検討すべきなのです。

5　科学的伝統文法──規範からの脱出

このような斎藤文法を中心とした規範文法に対して，文法は規範ではなく言語事実に即したものでなければならないという立場の科学文法の出現は，市河三喜を待たねばなりませんでした。

市河三喜

日本における科学的な英語研究は，市河三喜に始まるとされます。その著書『英文法研究』(1912) は，序で次のように述べています。

> 「要はただ文法をもって単に英語を正しく話したり書いたりする術(すべ)であるとか，あるいは文法の教える規則は絶対なもので，これに違反する言い方は不正であるとかいうような見方を避けて，英語における種々の現象をすべてそのまま言語上の事実として受けいれ，これを公平に観察し，どうしてこういう言い方が生じたかを，あるいは歴史的に上代にさかのぼって，あるいは他の国語との比較研究により，あるいは心理学的立場から，不完全ながらも説明を試みて見たいというのが本書の趣旨である。」(ルビは筆者)

この引用の中には，規範文法からの脱出，科学文法への出発，なぜそうなるのかという説明を追及する姿勢を読みとることができ

ます。

　ノルウェーのシュトルム (Storm)，デンマークのイェスペルセン (Jespersen)，オランダのストフェル (Stoffel) などの科学的な英語研究を参考にしたり紹介した，としています。この本で扱われている項目には，none の用法／every, each 等を複数に扱うこと／It's me／Split infinitive といったものがあります。これらはいずれも規範文法への反論となっています。その他の項目についても，確かにその「はしがき」に書かれたとおりの志向をみることができます。

　もともと，市河三喜も一高の学生の頃，正則英語学校で斎藤秀三郎から英語を学び，深く傾倒した様子がうかがわれます（大村喜吉『斎藤秀三郎伝』pp. 285-286)。そこには市河三喜自身の回想からの引用があります。以下に再録します。

> 「自分は学生時代に斎藤氏の著述は殆ど全部読んだ積もりである。"Yorozu Weekly" と称する週間（原文ママ）の英語雑誌の愛読者でもあった。その中から前置詞の研究に関する部分を書抜いたノートも今所持して居る。」

このように斎藤文法を十分に学習し研究をした上での斎藤文法に対する批判であったのです。[6]

---

6. 一方で，科学的文法の動きから，斎藤文法を古い規範文法として無視する方向へと向かっていきます。大村喜吉は『斎藤秀三郎伝』(p. 407) の中で，『英語青年』昭和十五年六月号の「英語クラブ」から次のような記事を引用しています。
> 「序 に日頃のウップンを洩らしておくが，我が国の英学者が皆多かれ少なかれ斎藤氏の *Practical English Grammar* その他のお世話になりながら，このごろとかくこの大先輩を無視して，英語学の著書の参考

大塚高信

続いて，大塚高信の『英文法論考――批判と実践』(1938) の序から引用します。大塚高信は市河三喜の教え子です。

> 「我国に於て，英語学習の方便たる英文法から言語研究としての英文法に学者の関心が向き始めたのは，市河三喜博士著『英文法研究』が上梓(じょうし)せられた大正元年頃であった。爾来(じらいやや)漸く英語の学問的研究は欧米の先進国のそれに歩調を合わせ出したといってよい。」(ルビは筆者)

このように，市河三喜の後継者として科学文法への志向を読みとることができます。If it was not for の論考からその記述を引用してみます。

> 「.... were は人も知る通り現代英語に於て indicative と subjunctive の区別のある唯一の語で，as it were, if I were you, if he were to などの表現では今なお用いられて居り，学校文典では大抵そう書いてある。所が実際に於いては（殊に口語に於て）was が上記のような表現形式の場合に盛んに使用され，subjunctive 最後の牙城たる were も今や was の侵略を受けて，僅(わず)かに餘喘(よぜん)を保っているに過ぎない。」(p. 282)（ルビは筆者)

　　文献に氏の著書を挙げることを逸し，却(かえ)ってそれ以下の学的価値しかないやうな内外の学者のものまで麗々(れいれい)と揚げているのはどうしたことであろうか。」(ルビは筆者)
一部の研究者たちを除いて，日本の文法研究の歴史の中からこのようにして忘れられていったのですが，一方で，今日に至るまで日本の学習文法の中には深く静かにその影響力を残しているのです。

結局は規範文法の「仮定法には were を使うべし」というルールは事実とは異なることを証明しようとしていることを読みとることができます。

このように，科学的文法研究は規範文法を批判し，言語事実を忠実に記述し，それを説明する方向へと向かうことになります。しかし，学問的な研究が一般に浸透するにはかなりの時間がかかります。しかも，規範文法がカバーするすべての面について科学的な検証をすることはなかなか期待できません。

市河三喜や大塚高信，その後継者の研究は，規範文法の一部を検証したに過ぎず，まだまだ多くの問題を残したまま今日に至っているのです。

いわゆる実用英文法ではない，科学的英文法が意識されてからの体系的な文法書としては，細江逸記『英文法汎論』(1919)，吉川美夫『英文法詳説』(1949) などがあります。しかし，市河三喜，大塚高信のいずれも，英語全体を見渡した英文法書を書くことはありませんでした。この二人の先駆者の研究書は，上にみたように項目別の研究が主体でした。それが後にいう「語法研究」の始まりをなしています。したがって，今で言う語法研究（「語法研究」という言い方を避けて，市河三喜の書名のとおり「文法研究」という人もあります）を科学的に推進しようとしてその模範をなしたのが市河三喜であり，大塚高信であったのです。

一方で欧米の言語学の発達に呼応して，言語研究の理論化に貢献した中島文雄も戦前・戦後の日本の英語学研究の大きな柱でした。意味を重視するその理論は，『意味論』(研究社，1939)，『文法の原理』(研究社出版，1949)，『英文法の体系』(研究社，1961) に明らかです。日本の英語学での実証的研究に対して，理論志向

の方向付けをしてきたと考えてよいと思います。

　私は学生のころから語法研究に関心をもってきました。しかし，どうして語法研究という「個別の現象を追及する分野」が存在しているのか，腑に落ちないところがありました。そして，とにかく語法研究の体系化，理論化を目標に研究を続けてきました。

　わが国における科学的文法研究はその出発点からして，実は体系として存在していた斎藤文法の存在を前提として（体系そのものを正しいと認めていたかどうかは別です），その問題点をとりあげて論じるということから出発しているのです。だから，個別の現象を実証的に論じることが科学的研究であったのは当然だったのです。

実証的な英語研究から理論研究志向へ

　日本の英語学は，1960年代を境に大きく変貌しました。いわゆる新言語学の時代の到来です。当時でいう「新言語学」とは，アメリカ構造言語学，そしてその批判から生まれた生成文法です。

　アメリカ構造言語学は，1920年代から1930年代にかけて，ブルームフィールド（L. Bloomfield）やサピア（E. Sapir）の研究から始まったとされています。言語を歴史的にとらえるのではなく，今の時代に使われている言語の姿をありのままにとらえ，個別の言語がもつ構造を明らかにしようとするものです。アメリカ先住民の言語が主な研究対象でしたが，英語や日本語にもその研究手法が応用され研究されていきました。

　しかし，言語の構造を表面的にとらえてそれを記述し分類するというだけでは，言語に対する本当の理解を深めるものにはなりませんでした。そこで，チョムスキー（N. Chomsky）が真に科

学的な目的と手法をもった言語学を作り上げることを提案しました。彼の著作『統語構造』(*Syntactic Structures*, 1957) が世に出ると，たちまちアメリカ構造言語学を根底からくつがえす結果となりました。それ以後，20世紀の後半は生成文法が世界的に言語学の中心的なパラダイム（学問体系）となっていったのです。

　生成文法は人間がもつ言語能力を解明することが究極の目的です。したがって，この言語学は個別の言語研究に関心があるのではなく，言語の普遍性を求めることになります。もし仮に，言語学の目的が人間の言語習得能力を解明することであり，個別の言語を研究することが瑣末なことに過ぎないならば，論理的な帰結として，わが国で培われてきた語法研究的な英語研究はまったく意味がないということになります。そして，実際にそういうことが公然と言われてもきました。

　1965年（昭和40年）発行の『現代英語教育講座3　新言語学の解説』（研究社）には，「構造言語学入門」（安井稔著）と「変形文法概説」（長谷川欣佑著）が収録されています。この時代はまだ，構造言語学と変形文法（生成文法といっても同じ）は共存関係にあったようです。しかし，1960年代後半には一気に生成文法の時代となりました。生成文法でなければ言語学ではないというような風潮ができあがりました。

　それまで実証的に英語の研究をやっていた人たちの中にも，自分たちの研究が意味のない恥ずかしいことのように考える人たちも少なくありませんでした。このことは，一方で流行に抗することができず生成文法の勉強をしながらも，同時に実証的研究を続けてきた私のような研究者が味わってきた悲哀でもありました。理論がない，個別的な現象を追うだけで体系性がない，言語の普

遍性を考えない，などと言われてきました。

しかし，言語学者はすべて言語の普遍性を追求しなければならないなどと指図される覚えはありません。私は，チョムスキーのような体系だった大きな理論はなくとも，下から積み上げるボトム・アップの思考方法によって理論構築を考えてきました。個別の現象の記述を積み重ねることによって体系を組み上げようとしてきました。今日活躍中のラネカー (R. W. Langacker) らの認知文法は，まさに自分たちのアプローチを「ボトム・アップ」と言っています。

このように，私のような実証的な研究を続けてきた研究者は，チョムスキーの理論で理論的武装し，体系性をもち，言語普遍性を追求していると自負する人たちとの精神的な葛藤がありました。しかし，実証的な研究を続ける研究者がいたおかげで英和・和英辞典や語法辞典ができ，あるいは「クエスチョン・ボックス」の回答などもできているという点も忘れてはなりません。

私は，1960年代から2000年ころに至るまでの約40年間は，日本における英語の実証的研究の停滞期であったと考えています。そして，今でもそれは尾を引いており，個別実証的研究よりも理論的研究を志向する傾向は根強いものがあります。

言語学者が何をどのような方法で研究しようが自由です。そのような自由が一時期，著しく阻害されたことは，歴史の教訓として記憶しておいてよいと思います。

語法的研究の集大成

さて，前述のような実証的英語研究の一時的停滞期があったのですが，生成文法などの理論の影響を受けながらも着実に研究は

進んできました。

　専門的な研究成果を一般に広く知らせるために，まとまった辞書・事典の形にして検索しやすくすることが考えられました。科学的な視点をもった研究成果のまとめとしては，『英語慣用法辞典』（三省堂，1961）がその最初になるでしょう。編者は大塚高信で，その改訂版『英語慣用法辞典（改訂版）』(1973) は大塚高信と，旧版の執筆者のひとりであった小西友七との共編になっています。

　2006年になって，『現代英語語法辞典』（三省堂，2006）が出ました。『英語慣用法辞典』の改訂第三版にあたります。編者は小西友七で，編集協力者は八木克正，柏野健次，岸野英治となっています。初版は，日本での研究成果のまとめというよりは海外の文献に負うところが多いのですが，改訂に伴ってわが国での研究成果がふんだんに盛り込まれています。この辞典の初版から改訂第三版までをたどると，日本の実証的な英語研究の成果をたどることができます。

　昭和40年（1965年）代になって，やはり大塚高信の編になる「英語の語法」全12巻と「語彙編」1巻からなるシリーズが出されました。大塚高信は構造言語学にも深い理解を示しながらも，実証的な研究を企画する中心人物でもあったのです。これはまったく新しい文法観にもとづくシリーズでした。

　すなわち，文法というものは文を分析するものであり，文を構成する要素を範疇ごとにわけて品詞を立て，品詞ごとの説明を加えるものと考えられてきました（これを「統語中心の文法」と呼ぶことにします）。

　ところがこの「英語の語法」シリーズは，意味を中心にして，

意味がどのような形式で表現されるのかを体系づけるものでした（これを「意味中心の文法」と呼ぶことにします）。

たとえば，「時制」は文法形式です。英語には「過去時制」と「現在時制」があります。go という動詞をみると，go, goes は現在時制，went は過去時制を表します（gone, going という変化形はそれぞれ完了，進行という「相」(aspect) を表すために必要な変化形ですから，今はふれないでおきます）。英語には変化形としての「未来時制」がないので，助動詞の助けを借りて will go, be going to go などとしなければなりません。

さて，その動詞の変化形として存在する現在時制と過去時制が表す意味は，現在，過去，未来のいずれかの「時」です。

統語中心の文法では過去時制の説明として，おもに「過去時」のできごとを表現するが，現在のことでも，丁寧にいう場合に，I just wanted to talk to you for a while.（ちょっとお話したいのですが）のように過去時制を使うことがある，とします。

それに対して，意味中心の文法では，「現在時」という意味は，普通は現在時制という形式で表すが，時には過去時制を使って丁寧に表現する場合がある，と説明します。

言い換えれば，統語中心の文法は「英文解釈的」な文法であって，この英語の文はどういう意味なのか，を考えます。意味中心の文法は，「和文英訳的」な文法であって，この意味はどのような英語で表現するのか，を考えます。

そう，統語中心の文法を学ぶだけでは，英語で言いたいことを表現するためには不十分です。「窓をあけてもらいたい」と言うためには，いろいろな表現方法がありますが，状況に応じてさまざまな可能性からひとつの表現を選んで使用します。その選択の

可能性を示し，状況に即した表現法を示した文法書があればよいですね。

「コミュニケーション主体の英語教育」と言うならば，意味中心の文法教育が必要であるはずです。英語という言語を解釈するための文法から，英語を使いこなすための文法へ，これが意味中心の文法の発想です。それがすでに昭和 40 年（1965）頃に試みられていたのです。

1975 年になって，イギリスで同様の発想の意味中心の文法書が出されました。それがロングマン社刊のリーチ（G. Leech）とスバートビック（L. Svartvik）による『コミュニカティブ英文法』（*A Communicative Grammar of English*，改訂版は 1994 年，第 3 版は 2002 年）です。またコリンズ社の『コービルド英文法』（*Collins COBUILD English Grammar*, 1990）も同様の発想による文法書です。

「英語の語法」シリーズの「語彙編」として出された『英語表現辞典』（1969，改訂版 1985）もそのような発想による辞典です。

次に品詞ごとの研究成果シリーズについて述べておかねばなりません。このシリーズは新しい言語理論にもとづく研究成果もとり入れているのが特徴です。出版年の順にリストしておきます。いずれも小西友七の編です。『英語前置詞活用辞典』（大修館書店，1974）／『英語基本動詞辞典』（研究社，1980）／『英語基本形容詞・副詞辞典』（研究社，1989）／『英語基本名詞辞典』（研究社，2001）。

このほかに，生成文法研究などの成果を集大成した荒木一雄（編）『英語正誤辞典』（研究社，1986）／荒木一雄（編）『現代英語正誤辞典』（研究社出版，1996）があります。英語の細かい用法

の正誤について知ることができます。

このような研究成果は，それぞれの学校などで自由に使えるように常備しておく必要があるでしょう。

6 「対話」による英文法

雑誌『英語教育』には，長年にわたってクエスチョン・ボックスが続いています。英語の教員や学生，一般の英語研究者などが質問し，それに回答者が答える形式です。これが集大成されて，現在までに第4集まで出ています。『英語語法大事典』(1966)／『続・英語語法大事典』(1976)／『英語語法大事典 第3集』(1981)／『英語語法大事典 第4集』(1995) がそれです。

戦後まもなくの頃は，the の発音，a の発音から，日常生活，風俗の表現方法などあらゆる相談が寄せられていたことがわかります。そのような質問に答えながら，日本の学習文法を良い意味で作り上げ，斎藤文法からの離脱もはかられてきたと思います。このようにして作り上げられてきた文法を「対話」による英文法と言うことにします。日本語を母語とするわれわれならばこその疑問・質問が出され，それに回答していくことによって，随分と日本の英文法形成に貢献してきたと思います。

近年は，かなりマニアックな質問が寄せられることが多く，回答も第1集にあるような素朴な質問といった趣からは遠くなっています。しかし，その時々の質問と回答は英和辞典や英文法書の記述に大きな影響を与えています。

最近の質問と回答を1例だけあげて，どのようなことが行われているかを紹介しておきます。よく勉強している学部生からの

質問で，回答者は私です。

elite は通例 the を伴うか？

Q: 大学で使っている英語の教科書に次の一節があります。

> Education has always been a powerful tool. In the past, it used to be the privilege of *a small male elite*. Although we can find examples of educated women—Hypatia or Christine de Pizan—most women were illiterate. They were prisoners of ignorance, and could thus be more easily controlled. (Joan McConnel, *Women and men for a better world*, 成美堂, 2001)

下線部の a small male elite のことを，最初ひとりのエリートのことだと思って，small はどういう意味か，などと考えました。英和辞典を見て，elite は集合名詞であることが分かり，先生の説明で a small elite で「小さなエリート集団」の意味だと分かりました。まだ分からないことに，英和辞典を見ると，elite には《通例 the ～》などとして，普通は the elite になるとしています。どうしてここで a がついているのでしょうか。the small male elite とはどう違うのでしょうか。

A: とても面白い質問です。a small male elite の部分に興味をもったこと自体がとても良いと思います。そして，elite が集合名詞で日本語の「エリート」とは使い方が違うことが分かったこと，small は「小さな（集団，集合）」の意味であることが分かったのは，それだけですばらしいことだと思います。日本語では「彼女は医学界のエリートだ」と言えますが，英語では *She is an *elite* in the medical society. とは言えず，She is one of the *elite* of the medical society. / She is among the *elite* of the medical society. / She is a member of the *elite* of the medical society. または形容詞的に使って，She is an *elite* member of the medical society. のようにしなければなりません。

このように elite は，crowd, committee などと同じように集合名詞で，日本語の「エリート集団」にあたります。「エリート集団」はいろいろな分野や場所に存在しますから，その集団はいくつでも存在可能な可算名詞です。複数存在するエリート集団を言う場合の elites という複数形になった例をあげておきます。[7]

(1) a. Governing *elites* are usually differentiated into military, religious, and commercial aristocracies.

(BNC)

(支配者エリート集団は，通例，軍事貴族，宗教貴族，商業貴族に分けられる)

b. the *elites* of wealth and power (MED)

(富のエリート集団と権力のエリート集団［または富と権力の両方をもったエリート諸集団］)

一般的に「エリート集団」という場合，政治・経済・知識人・文化人などのある特定の母集団を意識していますから，定冠詞を

---

7. 用例の後に出典をあげています。BNC というのは British National Corpus という1億語からなるイギリス英語のコーパスです。インターネットを通じて利用できます。MED, COBUILD[5] などは英英辞典の名前です。辞書名と略号は巻末にまとめてあげておきました。

とって the elite となります。辞書から1例あげておきます。

(2) a government mainly comprised of the *elite*

(COBUILD[5])

(ほぼエリートで成り立っている政府)

　特定の母集団を意識して，その集団の中の「エリート集団」の意味で使われることが多いので，英和辞典では《通例 the ～》という表示を与えているものと思われます。しかし，「(特定の母集団を意識しない) あるエリート集団」という場合は，もちろん an elite ということができます。次例がその例です。

(3) Domination, first by a foreign power and then by *an elite*, leads to poverty and alienation.　　(BNC)
(最初は外国勢力の，次にエリート集団の支配が行われると，貧困と疎外が生じる)

「エリート集団」の種類をいう修飾語を伴うと不定冠詞を伴うことになります。

(4) the domination of power by *a* small political *elite*

(LDCE[4])

(政治的小エリート集団による権力の占有)

特定の種類のエリート集団をいう場合は the を伴います。

(5) Public opinion is influenced by *the* small *elite* who control the media.　　(OALD[7])
(世論はメディアを支配する小エリート集団の影響を受ける)

以上のような考察で分かるように，a small male *elite* は「男のある小エリート集団」の意味であり，もし the small male *elite* とすると「男の特定の小エリート集団」の意味になります。英和辞典にある《通例 the ～》という表示は，the をとることが多いことの表示であって，an elite もごく普通に起こることを否定するものではありません。

まとめ——学習文法の形成史

本章では，わが国の英語教育の中身がどのようにして形成されてきたかを歴史的にたどりました。そして，イギリスを発祥地とする規範文法と，その影響を受けながらも独自の文法体系を作り上げた英文法の巨人，斎藤秀三郎が今の英語教育の内容にまで深い影響を与えていることを明らかにしました。

その文法は，英語の実態を必ずしも反映していないこともさることながら，何と言っても古い時代の書きことばのルールを教えることを主眼としていたことが，今の英文法の内容の一部に古色蒼然とした印象を与える原因になっています。

このような古い英文法の内容を残しながらも，市河三喜をはじめ多くの英語学者が規範文法からの離脱のために努力をしてきました。そのような研究成果は，慣用法辞典・語法辞典などの形でまとめられてきました。しかし，まだまだ不徹底な部分が少なくなく，一部の英語教育界，受験参考書などの中に根強く残っていることを明らかにしました。

次章から，そのような各方面の問題点を具体的に論じます。

第 3 章

学習文法の何が問題なのか

はじめに

この章では，高校生や大学受験生用の問題集や参考書に見られるいろいろな問題を具体的に指摘して，その問題点を考えることにします。

大学受験用参考書や問題集には随分と変な英語があるということは，すでに河上道生・モンクマン『英作文参考書の誤りを正す』や，河上道生『英語参考書の誤りとその原因をつく』が指摘しました。

また，大学の入試問題にもいろいろと問題があることも，ワトキンスほか『これでいいのか大学入試問題』（上・下）で論じられました。私も，『新しい語法研究』『ネイティブの直観にせまる語法研究──現代英語への記述的アプローチ』『英語の文法と語法──意味からのアプローチ』『英和辞典の研究──英語認識の改善のために』などで，学習参考書や問題集に大きな影響を与える英和辞典がもっている問題点を数多く指摘してきました。

そこで論じられたことがすべて正しいとは言いませんが，大部分は学習参考書や問題集，さらには入試問題を作る側が参考にすべきです。事実，最近の問題集を見ると，そのような指摘を参考にして，随分と内容がよくなってきたと思います。

しかし，詳細に検討すると，問題集でも特に大学名を明記した出典の明らかな問題は比較的よいのですが，問題集や参考書を書いた人が作ったような問題や説明には疑問が起こることが少なくありません。

ここでは，かなり理論的な解明が必要な英語の使い方，英語の理解の仕方に関わる問題をいくつかとりあげてみます。英語の感

覚を磨くのに役に立てていただければ幸いです。

1　The sun rises in the east. の in は「から」？

「太陽は東から昇る」の日本語に対応して，The sun rises *in* the east. とすることに何の問題もありませんが，この in は一体何でしょうか。多くの参考書や辞書では，in に from (... から) と同じような意味があって，太陽が昇る場合にだけ from ではなく in を使うといった誤解を与えるような説明になっていないでしょうか。

日本語に訳すと in は「から」に対応しているというだけであって，本来 in に起点を表す「から」のような意味があるわけではないのです。もし「... から」という場所の起点を表すのであれば，She rose slowly *from* the chair. (彼女はゆっくりと椅子から立ち上がった) のように from が使われるべきものです。

The sun rises *in* the east. の in は in that direction (そちらの方向に) と同じく，方角を表す用法です。そして east も起点ではなく方角を表すことは自明です。したがって，in the east は「東の方角において」であって，rises in the east は「東の方角で天空に昇ってゆく」という意味になっています。表題の英語は「太陽は東に昇る」と言ったほうが日本語との対応がよいでしょう。

2　deserve doing の doing は受け身の意味？

一般に英文法書も英和辞典でも，(1) のような例をあげて「目

的語が動名詞の場合は，主語がその動名詞の意味上の目的語になる」と説明することが多いようです。

(1) The guy *deserves* shooting!
    （あいつは銃殺にあたいする）

deserve と類似の働きをもった動詞として，demand, need, merit, want, take, require, doesn't bear などがあげられることが多いようです。

しかし，このような deserve の使い方をあげるイギリスの学習辞典はありません。(2), (3) の例はいずれもイギリスの辞書からの引用です。いずれも受動形の動名詞をとっており，能動形で受動の意味になっているものとは異なることが分かります。

(2) He *deserved being recommended* for a decoration.
    (BBI[2])
    （彼が叙勲の推薦を受けたのは当然だった）

(3) One or two points about this report *deserve being discussed* in more detail.   (CALD[2])
    （この報告書の中の 1, 2 点はもっと詳細に議論する価値がある）

アメリカの新聞を見ても同じような傾向がみられます。LA は *Los Angles Times* というアメリカの日刊紙（数字は LA を収録した CD-ROM の年号）です。

(4) …, so they doubtless *deserve getting their pockets picked*.   (LA 1995)

(だから間違いなく彼らはポケットからすられるような
目にあって当然だ)

この例でも，文主語は deserve の目的語にはなっていません。

クワークほかの文法書 (Quirk et al. (1985: 1190)) にあげられた (1) の用法と同じ用法をもっている動詞のリストには deserve, need, require, want《方言》がありますが，deserve の用例はありません。(1) に類した deserve の用例を OED から探してみると，古い時代にいくつか見ることができます。

(5) In a manner gallant but slightly filibusterous — the word *deserves coining* he broke down the resistance of the Mexicans.

(OED^2, FILIBUSTEROUS (1890))[1]

(勇猛ではあるがのろのろとした感じのやり方で——このろのろという意味の filibusterous は造語する価値があった——メキシコ人の抵抗運動をつぶした)

このような用法は古くなってしまったと考えたほうがよいようです。deserve は to 不定詞と動名詞をとりますが，いずれの場合も意味上の主語は文主語と一致するのが現代英語の用法になっています。

---

1. この用例の出典は，OED 第 2 版の CD-ROM 版を使って検索しています。OED の全用例の検索で，filibusterous の見出しにある用例であり，その用例の出現年が 1890 年であることを示しています。以下同じ。

3　borrow と「借りる」

　borrow がとる目的語と，日本語の「借りる」がとる目的語と比較して，どのような違いがあるか調べてみます。

　まず borrow の類義語との関係をみておきます。他人の所有物を借りて，使った後に返還するという前提で，ただで借用するのが borrow，お金を払って比較的短い期間借りるのが rent，お金を払って比較的長い期間借りるのが lease というのが基本的な区別です。したがって，borrow は無償であれば，お金，ノート，本，鉛筆，芝刈機，自動車のようなものについて使うことができます。しかしながら，「家を借りる」「トイレを借りる」の場合は (1) のように borrow ではなく use を使います。これが日本語と英語が大きく違うところです。

　　(1)　Can I *use* the house/the bathroom?

すなわち，普通は固定した場所で使用するものは use，持って帰ったりして移動して使うものは borrow が原則です。ただし，use は人から借りる場合に限らず，(2) のように，自分の所有物を使う場合もあることは言うまでもないでしょう。

　　(2) a.　Can I *use* a mechanical pencil?
　　　　　（シャープペンシルを使っていいですか？）
　　　b.　I *use* a knife to sharpen a pencil.
　　　　　（私は鉛筆を尖らせるためにナイフを使います）

ただし，電話の場合はくだけたアメリカ英語では Do you mind if I *use* your phone? のように，携帯電話に限らず use を使う

ばかりでなく borrow を使って Can I *borrow* the telephone? も普通に用いられます。さらに，特にくだけた表現で，返すつもりがなくとも Can I *borrow* some coffee?（コーヒー借りていい?）のように言うことがあります。日本語でも同じです。

　日本語の「借りる」は borrow とは違って固定したものを借りる場合にも使えるところが違います。しかし，段々と，返すつもりがなくてちょっとしたものを借りる場合にも使う傾向が出てきて，日本語の「借りる」にさらに近くなってきたようです。

4　continue (＋to be)＋形容詞で「続ける」?

　continue という動詞は，continue to be + 形容詞／過去分詞の形をとることがあります（例: She *continued to be upset* about me. 彼女は相変わらず私に腹をたてていた）。また，to be がなくて直接に形容詞をとる形をあげる辞書もまれにみられます（例: She *continued silent*. (Evans and Evans (1957))）。

　私の用例カードから to be のない現代英語の例をあげておきましょう。

(1)　I would have *continued absorbed* in science, and suppressed any other impulses.

　　　　　　(C. Wilson, *The Philosopher's Stone* (1974))
　　(私だったら科学に没頭し続け，その他のあらゆる衝動を圧殺しただろう)

(2)　In America and Scotland the older *druggist*（原文イタ）simply *continued in use*.

(A. H. Markwardt, *American English*, 2nd ed., revised by J. L. Dillard (1980))
　　　(アメリカとスコットランドでは古い形の druggist という単語が相変わらず使われ続けている)

(1) では主語の意図的行為の意味合いであり，(2) では物が第三者によって相変わらず … されている，という意味になっています。

　(3a, b) に対するインフォーマントの反応はまちまちです。(3) の例はいずれも普通ではないと言う人もあり，(3a) には違和感があるが，(3b) のような to be のある形は He refused to talk. (話すのを拒否した) の意味で使うことは可能だとする人もあります。

　(3) a.　He *continued* silent.
　　　b.　He *continued* to be silent.

continue は基本的には他動詞で，主語の意図的な行為の継続を表します (例: She *continued her work* until midnight. 彼女は真夜中まで仕事を続けた)。意図しない状態が続く場合は自動詞の remain を使って，He *remained* silent. (彼は沈黙を守った) とするのが普通です。

continue を自動詞として使うと，主語が意図的にその状態を保っているという意味合いと，主語が「相変わらず … され続ける」の意味をもつことになります。そして，今の英語としては to be があるほうが容認されやすいということが分かりました。

　また，(4) では continue は「継続する」の意味で，going (または driving) が省かれたと考えられます。

(4) When they got to the store, it was closed. They *continued* downtown.

(N. Mailer, *The Executioner's Song* (1979))
(彼らが店に着くと,その店は閉まっていた。彼らは続けて繁華街へと向かった)

5 enjoy oneself doing は合体表現で不可

enjoy oneself という言い方があります。また,enjoy doing (enjoy が動名詞をとる形) という言い方もあります。この二つを合わせた enjoy oneself doing (たとえば She enjoyed herself playing tennis.) のような言い方が日本の学習参考書などでみられることがあります。これが実際に使われることがあるかどうか検討してみましょう。

英米の辞書の用例をみると,enjoy oneself at ... といった場所の例があるのみで,enjoy oneself doing の例はないようです。私が調べた限り,各種コーパスにもないようです。enjoy oneself の実例をあげておきます。

(1) ..., Mike Piazza hasn't *enjoyed himself* much on this longest Dodger home stand. (LA 1994)
(マイク・ピアザはこの一番長期間のドジャース本拠地での対戦にはあまりうれしい思いをしたことがない)

enjoy oneself doing が不可能なのは,enjoy doing ... の doing も,enjoy oneself の再帰代名詞もそれぞれが対等の目的語なのであり,二重に目的語をとる形にはなれないだけのことです。し

たがって，(2) はよいが，(3) は普通の表現ではありません。

(2)　We *enjoyed playing* cards last evening.
(3)　*We *enjoyed ourselves playing* cards.

インフォーマントの反応もそれを裏付けています。もちろん，

(4)　We *enjoyed ourselves by* playing cards.

のように by を使って副詞句にすると問題ありません。

　amuse も enjoy と同じく amuse oneself by/with doing の形をとります。しかしどういうわけか，LDCE[4] だけが amuse oneself doing の本来的でない用例をあげています。

(5)　The kids *amused themselves playing* hide-and-seek.
　　　(その子どもたちはかくれんぼをして遊んだ)

理由は分かりませんが，避けたほうがよい用法だと思います。

6　Never fail to do ... は使えないか？

　河上道生『英語参考書の誤りとその原因をつく』は，Never fail ... とは言わないとしています。一回限りのことに never を使うのはおかしいというのがその理由です。また，雑誌『英語教育』(1992年6月号) のクエスチョン・ボックス欄で，第一に never は一定期間にわたることについての否定であり，today, yesterday といった特定の期間の副詞とは共起しない，また，第二に never fail というコロケーションに問題がある，と述べています。では実際にはどうでしょうか。実例をみてみましょう。

第3章 学習文法の何が問題なのか　　83

(1) *Never fail to give* a severe rate and a flick of your whip if any young hound gives a challenging voice to a bullock, cow, or a strange dog.

(OED², s.v. RATE (1976))

(もし若い猟犬が子牛や，牛，見しらぬ犬に挑みかかるような声をあげたら必ず厳しく叱りつけて，ムチを振るってください)

(2) ... and the little sister who *never failed to get* carsick.

(LA 1994)

(必ず車酔いをする妹)

OED² の検索では never fail のコロケーションは 40 例ありますが，現代英語といえるものは上の (1) としてあげた例のほかに 1 例しかありません。

アメリカの新聞をみると，確かに never が yesterday などの「時」を表す副詞と一緒に現れた例はありません。そのかわり，(4) のように完了形で経験・継続を表す例が多いようです。

したがって，Never fail .... といった命令文であれ，普通の文中で never fail/never fails/never failed の形で現れた場合であれ，このコロケーションが不可であるとするのは正しくありません。したがって，クエスチョン・ボックスが述べる第一点は正しいが，第二点は正しくありません。(3), (4) の例は，『ワシントン・タイム』紙からの引用です。

(3) While the costumes *never fail to impress*, in truth the second act of "The Women" is a lot less fun than the first.

(そのコスチュームは間違いなく印象に残るが,実は演劇「女性たち」の第2場は第1場と比べると随分と面白味に欠ける)

(4) Since Israel *has never failed to repay* any loan, and will certainly not ruin its credit by failing to do so in this case, ….

(イスラエルは借款を返済しなかったことは一度もないし,このケースにそのようなことをして信用を失墜するようなことは決してしないだろう...)

7 than I は than me より正しいか?

最近はさすがに,(1a) と (1b) のどちらが正しいかなどといった問題はなくなってきています。

(1) a. She is taller than I.
    b. She is taller than me.

この場合,どちらかというと (1b) のほうが普通で,いくら学習文法といっても (1a) を正解とすることはやめたほうが賢明です。しかし,つい最近まで,このような問題が大学の入試問題はもとより,問題集に普通に見られるものでした。

ここで第2章3 (p.49) で述べたベリーの語法書 (Berry (1971)) の記述内容を思い起こしておきましょう。

このような記述と軌をいつにして,大学入試問題集の解説でも,「than の後は本来主格を用いるのが正しいのですが...」という記述がよく見られます。本来正しいというのは誤用が一般化

したということなのでしょうが，このような考え方は必ずしも正しいとは言えません。

　ある言語学者は論文で，基本的には (1a) と (1b) では，言語学的に (1b) が正しいという論証をしました。すなわち，than は前置詞であり，その後は文の述部を省略したものではなく，もともと名詞句であり，me が正しいという論証です。しかし，いかに論証しようとも，事実として堅い文章では (1a) が使われることもあります。1例だけあげておきます。

> (2)　He has been known to tell supporters that other opposition leaders are more qualified to be prime minister *than he*.　　　　(*Newsweek*, Nov. 20, 1989)
> （彼は，以前から支持者に対して，他の野党党首のほうが自分よりも総理大臣の資格があると言っていたということが知られている）

　バーチフィールドの語法書 (Burchfield (ed.) (1996)) は，「than I では than は接続詞，than me では than は前置詞であり，接続詞用法のほうが堅苦しい」としています。これが一番穏当なところでしょう。

8　stop to do の to do は目的語か？

　ある高校生用教材の中に，動詞の中で to 不定詞も動名詞も従えるものとして，try, remember のほかに，stop があげられているのが目につきました。

(1) a. John *stopped playing* the game.
    b. John *stopped to play* the game.

しかし，(1a) の playing と (1b) の to play はどちらも stop の目的語なのでしょうか。

(1a) の playing は stop の目的語です。それは，この文が What did John stop? に対する答え，つまり playing the game を stop の目的語である what に置き換えられることから分かります。これに対して，(1b) の to play the game が答えになる問いの文は，Why did John stop (doing something)? であり，to play the game は副詞的語句と考えねばなりません。

したがって，stop の後の動名詞と to 不定詞は役割が異なるので，次の文のように同一の文中で並べて使うことができます。

(2) John *stopped playing* the game *to talk* with his mother.
（ジョンは母親と話すために試合を途中でやめた）

このように，stop の後の to 不定詞と動名詞は，意味的にも機能的にも違ったものであることは明確に区別しておかねばなりません。

9　関係代名詞 who と whom

ある英文法の問題集（1999 年版）に次の選択問題があります。

(1) John is the man (who, whom) everybody believes is the best man for the job.

(ジョンはその仕事にこれ以上ないうってつけの男であると思われている)

is の主語になるから、答えはもちろん who です。この問題は、以前は (2) のような問題で whom を選ばせる問題と表裏をなすものでした。

(2) John is the man (who, whom) I was talking with.
（ジョンは私としゃべっていた人です）

ところが、(2) では who も普通に使われるということが明らかになってきたこともあって、問題集などからは省かれてきています。しかし、今なお学校現場ではよく教える内容のひとつのようです。ある問題集に (3) の問題があります。問題の意図は、thought の目的語だから whom を選ばせることです。

(3) The man (who, whom) I thought to be my best friend deceived me.

この問題の出典として、ある大学の名前が書いてありますが、何年の出題であるか分かりません。今でもこのような問題を出しているとは考えたくありませんが、事実は分かりません。

第2章であげたベリーの語法書は、すでに引用したように (pp. 49-50) 関係詞あるいは疑問詞いずれの場合も、who は人について使うものであり、しかも主格 (nominative case) の場合に限るということを述べています。そして次の例があります。

(4) a. 誤り: That was Pete *who* the captain asked to help corporal.

b.　正しい：That was Pete *whom* the captain asked to help corporal.
　　　　（艦長が伍長を手伝ってやれと言った相手はピートだった）

　しかしながら，この記述を正しいとする文法書や辞書，語法書はおそらくほかにはないでしょう。英語をありのままに見ると，whom が使えないということはありませんが，who であっても何の問題もありません。この事実はすでに 1920 年代のサピアというアメリカの言語学者が述べています。私が独自に作っている口語英語のデータベース[2] にはまれに whom を使った例があります。1 例引用しておきましょう。

(5)　I think it is really important to understand that the president also needs to deal with the women *whom* he's hurt.　　　　　　　　　　　　(LKL, 1999)
　　（大統領は，自分が傷つけた女性に対処することが必要だと理解することが本当に重要であると思う）

きわめて堅苦しい話し言葉で使われることが分かります。
　学校で教えるかどうかは別にして，LKL コーパスでは who が前置詞の直後に来ることもまれではありません。as to who …, with who, by who のような例が見られます。

　2.　アメリカのケーブルテレビ CNN の人気インタビュー番組 Larry King Live（LKL）の文字化したものをダウンロードして，それを検索できるようにしています。以下，LKL コーパスと呼びます。

少なくとも話し言葉の中では whom はますます姿を消す運命にあるように思われます。学校教育の中でも，少なくとも (2)，(3) のようなものを試験に出したりすることはやめるべきです。英米の語法辞典類では，この who/whom の違いについて触れていないものも多く，すでに問題にもならない事項になっているのです。

10 関係代名詞 that が義務的になる場合？

最上級の形容詞や，the only, the very, all, any, every が先行詞を修飾している場合，関係代名詞は who, which ではなくて that にするという伝統的なルールがあります。私は『新しい語法研究』の中で詳細に文献とデータ調査を行い報告しました。その結果，このような場合でも先行詞が人の場合，that はまれで who を使うことが多いこと，先行詞が物の場合は that が普通で，which は避けられる傾向にあることを明らかにしました。which を避けるのは，which と that の関係詞としての役割が異なることからきています。

which は「選択」の意味が濃厚で，先行詞の意味を限定する役割が基本であり，that は同格的に先行詞の説明を付け加えるということがその違いの理由です。

河上道生『英語参考書の誤りとその原因をつく』にも，この問題がとりあげられています。そこでの考え方は，上記の私の研究とは少し異なっています。アメリカの学者にはここでとりあげている関係詞の用法制限について触れるものはないが，イギリスの学者にはその制限があることを明記しているものがあること（イ

ギリスの学者の説は,私も『新しい語法研究』でも明らかにしました),また,who, which も同じように,このような制限に合わない用例があることを示しています。

　私は『新しい語法研究』で述べたように,who にはここでとりあげているような場合に that にしなければならないという制限はないが,which にはその制限が顕著である(もちろん例外はある),という考え方は今でも変わることはありません。『英語参考書の誤りとその原因をつく』にあげられている用例には,to which のような前置詞をとったものが含まれています。先行詞を何が修飾しているかということよりも,関係詞の that の前には前置詞はこないという制限が優先しますから,to which のような例をここであげるのは適当ではありません。

　また,the only, the very, all, any などが先行詞の名詞句に含まれている場合に that がきている例がどれほどあるかという点の検証がありません。ひょっとしたら,あげられている which の例は例外的な用法であるかもしれません。

　いずれにしろ,このような研究成果が英和辞典などにも反映して,結果的には英文法の問題集でもこの種の問題を省くようになっています。ただ,上記の二つの調査報告は大きなコーパスを利用する以前のもので,河上氏も私も,用例を手作業で集めた結果にもとづいた結論です。その調査をする場合に,データや文献調査,インフォーマント調査の結果で明らかな傾向が分かっても,それがなぜそのような傾向を示すのかという説明があればもっと説得力をもつでしょう。

　文法問題集からは省かれるようになったこの種の問題でも,実際の教育の現場では相変わらず教えられているようにも聞きま

す。関係詞の選択は，前置詞の後には that はこないといったような明らかな場合を除いて，実際に英語を書くときには問題にはならないし，ましてや文法問題としてとりあげることは避けたほうがよいと思います。

11 ten years senior to me は古い

　私が高校時代に習った英語に，(1) のような senior の用法があります。この用法は斎藤秀三郎の PEG に発するものであることは，すでに第2章4 (p. 54) で述べました。

　(1)　She is *ten years senior to* me.

これは She is ten years older than me. (彼女は私より10歳年上だ) の意味とされます。これについても，ワトキンスほか『これでいいのか大学入試英語』がとりあげています。同書の中で，She is *senior to me by three years*. のようなものは，「ほとんど使われないもの」となっています。(1) についても「日常英語ではますます使われなくなっている」としています。

　私が調べた限り，英米のどの辞書をとっても "older than" (年長の) の意味をあげるものはないようです。

　コーパスで検索すると，(1) の用法に合致する例は BNC に2例，WordBanks*Online*[3] に1例あります。数が少ないのですべ

　3.　WordBanks*Online* はコーパスの名称。現在，約5千万語からなる。これも BNC と同じように，小学館のコーパスネットワークからインターネットで検索できます。

てあげておきます。

(2) Layton is *20 years senior to* Leonard ….　　　(BNC)
（レイトンはレナードより20歳年上だ）

(3) … hardly *two years senior to* herself.　　　(BNC)
（彼女自身よりほとんど2歳ほどしか年上でしかない）

(4) He was *three years senior to* Goss, three years more service.　　　(WordBanks*Online*)
（彼はゴスの3歳上で，3年間軍務が長い）

BNC 1億語の中で2例，WordBanks*Online* 5千万語の中で1例というのはいかにもまれな用法です。

ある大学受験問題集には，

(5) He is ten years *senior* (*to*) you.

で to を選ばせる問題があります。出典の大学名が書いてありますが，出題年が書いていないのでいつ出題されたのかは分かりません。他の問題集にも (5) の問題があるので，割とポピュラーな問題なのでしょう。大学もこのような問題の出題は避けるべきですし，学校でわざわざ教えるような表現ではありません。ちゃんと He is ten years older than you. という分かりやすい表現があるのです。日本の高校生が19世紀の英語をわざわざ覚えたり，使ったりする必要はないのです。

私の LKL コーパスでも，680 あまりの senior の用例のうち，形容詞用法では「... より上級の」の senior to を除いてすべて名詞の前に置く使い方で，a *senior* adviser（主席アドバイザー），*senior* citizens（高齢者）のような用法しかありません。senior

の意味が変わってきて，単に「年上」の意味で senior を使うこと自体がなくなっているのです。

12　付加疑問の作り方

　付加疑問を作るという問題は，実際に大学入試などで出題されているかどうかは別にして，以前からよく文法問題集にあります。付加疑問を作るために，一般的に次のような規則が教えられます。

- (a)　主語の人称・数・性を見極める——これが付加疑問文の代名詞の選択を決める。
- (b)　本動詞か be 動詞，助動詞か——本動詞の場合は do/does/did，be 動詞，助動詞ではその助動詞を使う。
- (c)　否定文か肯定文か——肯定文であれば否定形に，否定文であれば肯定形にする。

　こういう規則を前提にして考え直してみましょう。アメリカの言語学者ランゲンドン（Langendoen (1970)）の行った有名な調査があります。アメリカで英語を教える junior high school と senior high school の 46 人の教員に付加疑問を作ってもらった結果の報告です。この調査はすでに 40 年近く前のものですが，その興味深い結果は参考にすべきものがあります。

　上にあげた (a), (b), (c) の判定は，必ずしもたやすくないことが分かります。

　(a) に関係した (1) の例を見てみましょう。付加疑問文の後の数字は，その答えを書いた教師の数を表します。

(1)　Everyone likes me.
　　　Don't they?　[34]
　　　Doesn't he?　[12]

everyone は単数扱いですが，これを付加疑問文では they で受けるのか he で受けるのかということで分かれています。同様なことは no one/somebody/someone などについても起こります。*Everybody *accept* their responsibilities. はもちろん文法的に誤りで，accepts としなければなりませんが，their は PC の関係で受け入れられます。しかし，前に見たベリーのような文法規則（第 2 章 3 (p. 49) を参照）を適用すると，everybody は he で受けなければなりませんから，Everybody *accepts his* responsibilities. にしなければならないということになります。

40 年近く前でも，すでにアメリカではこの種の PC が確立しかけていたことがランゲンドンの調査で分かります。

次に (b) に関係した (2) を見てみましょう。

(2)　I may see you tomorrow.
　　　Won't I?　[17]
　　　May I not?　[11]
　　　Mayn't I?　[10]
　　　Might I?　[2]
　　　Mightn't I?　[2]
　　　Can't I?　[1]
　　　Shall I?　[1]
　　　Will I?　[1]

本当に規則どおりであれば，助動詞が may であるから Mayn't I? であるはずが，必ずしもそうではないというのが実態のようです。

次の例もよく知っていただきたいケースです。

(3) I'm going to the store now.
　　Aren't I?　[28]
　　Am I not?　[17]
　　Ain't I?　[1]

amn't という否定形がないので，aren't がその代わりに使われます。Ain't I? は俗語として避けるべきです。

次に，(c) に関係する問題を考えてみましょう。否定には肯定が，肯定には否定が対応というだけでは，必ずしもそのとおり守られないこともあります。それ以外に，no を使った文が否定文か肯定文かという問題も，受け取り方が一様ではないのです。

(4) No one watches TV any more.
　　Do they?　[26]
　　Does he?　[17]
　　Don't they?　[2]
　　Doesn't he?　[1]

この場合は they と he のばらつきを除くと，否定文ととるのが普通のようです。同様に，few や seldom といった否定的な意味をもった語は，否定としてとらえるのが普通です。次の例を見てみましょう。

(5) Few people like me.
　　 Do they?　[39]
　　 Don't they?　[7]
(6) Seldom did anyone say anything.
　　 Did they?　[22]
　　 Did he?　[19]
　　 Didn't he?　[3]
　　 Didn't they?　[2]

　学校教育は本当に二者択一的で，複数回答があると困るのでしょうか。付加疑問文を作らせることによって，ことばの複雑さを認識したり，人によってことばに対する感じ方が違うことを知ることが受験勉強に差し支えるのでしょうか。

13　命令文の受動態？

　大学受験問題集には，(1)を受動態にさせる問題があり，(2)を答えとする問題があります。

(1)　Open the door at once.
(2)　Let the door be opened at once.

　この書き換えは斎藤秀三郎の PEG が初出らしいことはすでに第2章4 (p. 54) で指摘しました。本当にこのような書き換えができるのでしょうか。
　まず，数人のインフォーマントの反応をみてみましょう。あるアメリカ人は，(1)は命令としては強すぎると言います。「ただ

ちにドアを開けろ，さもないと ...」（たとえば，or you will suffer dire consequences など）という脅しの感じだと言います。

それでは (2) はどうでしょうか。まず，(2) は be opened は受身だが，文全体としては受身にはなっていません（『新グローバル英和辞典』（第2版，2001, sv. LET）にその言及があります）。アメリカ人インフォーマントは，(2) は普通に聞くような表現ではないが，両手に荷物を持った人が，ドアのところに来て，「ドアよ，開け」と祈る様子が想像できると言います。別のアメリカ人は，中世の王様が臣下に命令をしている情景を想像すると言います。

(2) はもともと (3) の open を受身にしたものです。

(3) Let them open the door at once.

使役動詞の let は have, get, make とは異なって，やりたいと思っている人にそうすることを許可する意味で使います。(3) はドアを開けたい人 them がいて「その人たちにすぐに開けさせてやりなさい」という意味です。

実際の例をみながら，「let + 人 + 過去分詞」がどのような意味で使われるのかを検討してみましょう。(4), (5) は BNC から。

(4) They are independent and *let their opinions be known*, even if they are unpopular.
（彼らは独立派であり，たとえ人気はなくとも，自分たちの意見を世間に知らしめている）

(5) ...: please, please, please don't *let yourself be ruined* by those who don't understand you.

（どうか，どうか，どうかあなたを理解できない人たちに身を滅ぼされるようなまねはしないでください）

(4)は「意見を知らせておく」，(5)は「あなたを駄目にしようとする人にやりたいようにさせておいてはいけない」の意味です。要するに「let＋人・物＋be＋過去分詞」は，「第三者に，人・物について，やりたいようにやらせておく」という意味になります。(2)はどういう意味でしょうか。「ドアを開けたいと思う人がいて，その人たちにただちにそのドアを開けさせなさい，と第三者に指示をする」意味になります。聞き手に「ドアを開けろ」という(1)とはいろいろな点で違っています。

第一に，(1)は(2)と違って，聞き手（すなわち指示をされる人）がドアを開けたいと思っているという前提がありません。第二に，(1)は聞き手に命令しているのに対して，(2)は聞き手以外の第三者がいて，その人に指示を出しています。第三に，(1)と(2)は発話される場面がまったく異なります。(2)は古めかしく堅苦しい言い方であるのに対して，(1)は高圧的であるが今の表現法という違いがあります。

結論として，(2)を(1)の受身文として対応させるのは無理があると言わねばなりません。命令文は潜在的に聞き手であるyouが存在しており，そのyouに話しかけるものです。それが受動態になると目的語であるdoorが主語になりますから，doorに対して命令するという無理な話になって，(1)を受動態にすることなど考えないほうが正しいのです。

14 go on a hike/go for a hike よりは go hiking

　私が中学校時代から「ハイキングに出かける」は英語では go on a hike と言うと習ってきたし，今でも英和辞典にそう書いてあります。中には go for a hike をあげるものもあります。go on a hike/go for a hike の形がコーパスでどれほど出てくるか調べると，期待に反してほとんど出てきません。BNC で検索をすると次の2例がありました。

(1) ... a couple of days ago Fergus had suggested they *go for a longer hike*, up into the trackless hills.
（2日前ファーガスは人跡未踏の山へもっと長い距離のハイキングに出かけようと提案していた）

(2) and *went off for a ten-mile hike*
（そして10マイルのハイキングに出かけた）

WordBanks*Online* には次の例があります。

(3) *Go for a hike* in the hills above Idaho Springs, an old mining town in the Rocky Mountains, west of Denver.
（アイダホ・スプリングズの上の山にハイキングに出かけよう。デンバーの西ロッキー山脈の古い鉱山町へ）

　このような結果を見て，go on/for a picnic はほとんど使われないなどと即断すべきではありません。英米の辞書の中には go on a hike/go on hikes の例をあげているものがあることをみると，これはおそらく特殊な言い方ではないのでしょう。例をあげ

てみましょう。

(4) People *go on hikes* for pleasure and for exercise.

(CALD[2])

(人々は娯楽や運動のためにハイキングに出かける)

(5) to *go on a hike* (LDELC[2])

(6) They *went on a ten-mile hike* through the forest.

(OALD[7])

(彼らは森林の中を10マイルのハイキングに出かけた)

(7) I enjoy *going on hikes*. (LED)

(私はハイキングが趣味です)

(1)-(3)のコーパスからのデータと，辞書からの用例を比べてみると，コーパスからの例はいずれも for を使っているのに，辞書の用例は on を使っているという違いが目につきます。辞書の用例は(6)を除いて hikes/a hike は修飾語を伴わないが，コーパスからのデータでは，何かの修飾語をとっているか，(3)のように in the hills といった場所の特定があります。英英辞典でも，(6)のように，修飾語を伴った用例をあげるものは for を使っています。もうひとつあげておきます。

(8) We *went for a 14-mile hike* on Sunday.

(Times-Chambers)

(私たちは日曜に14マイルのハイキングに出かけた)

それでは，なぜコーパスではそれほど go on/for a hike の形の数が少ないのでしょうか。それは，英英辞典の用例からもうかがえることですが，hike は次例のように動詞として使われるこ

とが多いのです。

(9) a. You could *hike* through the Fish River Canyon.

(COBUILD[5])

(フィッシュ・リバー・キャニオンを通るハイキングにも行けますよ)

b. We plan to *hike* from lake to lake. (CDAE)

(私たちは湖から湖へ行くハイキングを計画している)

c. We're *going hiking* in the Lake District next weekend. (CALD[2])

(私たちは次の週末に湖水地方をハイキングする予定だ)

(10) (AmE) to *hike* the Rockies (OALD[7])

(《アメリカ英語》ロッキー山脈をハイキングする)

(11) (AmE) His dream is to *hike* the Appalachian Trail.

(LDCE[4])

(《アメリカ英語》彼の夢はアパラチア遊歩道をハイキングすることだ)

(9)のように,自動詞で場所の副詞句を伴う用法が一般的で,(10),(11)のように他動詞的に使うのはアメリカ語法のようです。

一般に,名詞用法の hike は「(物価などの)上昇」の意味で使い,「ハイキングに行く」は動詞で表すことが多いようです。どこかへハイキングに出かける場合に名詞を使うのであれば,go for a ... hike,あるいは,動詞の hike で表す傾向が強いと言う

ことができます。

　このような事情を考えると，go（　　）a hike に前置詞を入れさせるというのは，on も for も正解とするならばまだしも，on だけを正解にすることはできません。また，go on/for a hike をもっとも一般的な表現として固定化することはやめて，go hiking あるいは hike の動詞用法も併用して教えるほうがよいようです。

15　*I believe him to come tomorrow.

　20 年ほど前の英和辞典を見ると，believe がとる構文として [believe O to do] といったような表示をしていました。ところが例文は I believe him to be honest. のような be 動詞を使ったものでした。しかし to do という表示から，一般の利用者は，一般動詞を使った *I believe him to come tomorrow. のような文も可能だと思っても不思議はありません。

　I believe that he is honest. を I believe him to be honest. のように書き換えをするのにならって，I believe that he will come tomorrow. を *I believe him to come tomorrow. とするような書き換えをさせることがあるようです。

　私は『新しい語法研究』で，このような英和辞典の表示は間違いのもとだから，[believe O to be C] と修正すべきだと主張しました。今では，この表示が普通になっているようです。

　では，なぜ *I believe him to come tomorrow. はだめなのでしょうか。もっとも簡単な説明は，believe O to be の構文は believe O の延長の形として to be ... を補うことができると考

えるのがよいと思います。I believe him to be honest. は「彼を信じる」というのが第一であり、補足的に「正直であることを信じる」という意味を付け加えているのです。したがって、I believe him to be dishonest. とすると違和感があるようです。この点については、ボリンジャー (D. Bolinger, *Meaning and Form*, 1977) という言語学者がずいぶんと以前に指摘しています。

I believe him to be honest. の場合の believe は「信じる」という意味です。それに対して、I believe that he will come. は「彼が来ると思う」という思考動詞の意味が強く、彼を信じるという意味ではありません。*I believe him to come. は「彼を信じる」の意味と後続の to do がそぐわないことになります。

16 「人」を指す which

この節では、今の英語教育の中で教えられている、英語らしくない英語の典型である (1) を考えます。

(1) *Which* is taller, Jane or Mike?

(1) には * を付けていることで分かるように、何らかの前提がなければ正しくない英語です。私は、「ジェーンとマイクではどちらの背が高いですか」は、ずっと (2) だと思っていました。

(2) *Who* is taller, Jane or Mike?

ところが、わが国で受験生や英語の先生方がよく利用される英文法書（それぞれの記述は (7) としてまとめてあげます）には、そ

の意味を表す表現に (1) を使っている (あるいは，(1) も (2) も使っている) という事実を最近になって知りました。そこで，緊急に小規模なインフォーマント調査を行いました。

インフォーマントはアメリカ人，イギリス人，カナダ人合わせて 10 名の調査ですが，結果はもれなく (1) は使わず，(2) を使うというものでした。中には (1) も意味が分からないわけではないという人もあります。このような人は，おそらく前提といったものを考えているのでしょう (前提については後述)。だからといって，(1) のほうがよいという人はありません。

インフォーマントの中には，特に「人の名前をあげて比較する場合に which を使うことはない」という人もあります。

しかし，which には選択の意味があるので，すでに分かっている幾人かの中から選択するという場合には which あるいは which one で表すことができます。which が単独で使われている場合は，one の省略と感じる人が多いようです。

(3) a. *Who* is your favorite singer?
 (歌手では誰が好きですか)
 b. *Which* (*one*) is your favorite singer?
 (どちらの歌手が好きですか)

(3b) に該当する実例を BNC から (4a) として，またクワークほかの文法書 (Quirk et al. (1985: 369)) から (4b) としてあげておきます。

(4) a. "*Which one*'s Jim?"
 (どっちがジムですか)

b. *Which* is your favourite author?
(好きな著者はどちらですか)

which one の which は疑問形容詞であり, *Who one ...? の形が今はない (18世紀以前にはあった) から which one しか選びようがありません。who of ... も不可能ではないが, 今では特別な場合を除き which of ... のほうが普通で, ... には人でも物でもくることができます。人を指す which of の例をあげます。出典は BNC です。

(5) Being the parent company, Electronics exercised strong control over Magnetics finances and was able to decide *which of its creditors* should be paid.
(エレクトロニクス社は親会社なので, マグネティックス社の経理を強力に支配しており, どの債務者に支払うかを決定することができた)

人のグループを問う場合は which が普通ですが, who でもよいとする人もあります。(6) はインフォーマント調査に使った用例で, who は好ましくないという人もあります。

(6) *Which/Who* is your favorite singing group?
(どのバンドが好きですか)

この事実は, 人の group を関係詞が受ける場合に, which も who も起こりえることにも通じます。

さてそれでは, (1) と (2) をめぐって, 日本の英文法書の記述はどうなっているのでしょうか。それがまちまちなのです。以下に, いくつかの記述を引用します。出典はいずれも現在市販され

ている文法書です。

(7) a. *Which* is younger, Bob or John? ［代名詞用法］
（ボブとジョンとではどっちのほうが若いの）

b. *Which* is younger, Bill or John?
（ビルとジョンとどっちが若いの？）
＊このような場合，「人」を指しているために who を用いることもある。

c. *Who* is older, Jack or Tom?
（ジャックとトムではどちらが年上ですか）
解説: 範例の Who is older, Jack or Tom? は which を用いてもよいのではあるが，人間の場合には who もよく用いられる。

d. *Who*/*Which* is taller, Tom or Bill?
〈人間の場合は who が普通〉（トムとビルと，どちらが背が高いですか）

e. 次のような文で，人を指すときは who のほうが好まれる。
Who is taller, you or your sister?
（あなたとあなたの妹さんとでは，どちらが背が高いですか）

このように，which しかあげないもの，which も who も可能であるが which が普通で who を使うこともあるとするもの，who もよく用いるとするもの，who が普通であるとするものがあることが分かります。

デクラークの文法書（Declerck (1991: 284)）は，which につ

いて,「人を表す名詞または one(s), あるいは of 句を従える場合以外は人について使うことはできない」としています。(8) は同書から。

(8) a. *Which girl/Which one/Which of the girls* won the tournament?
b. *Which won the tournament?

トムソン&マーティネットの文法書 (Thomson and Martinet (1986: 73)) もデクラークと同様の記述をしています。この記述は, (8b) のタイプの one がない形は容認されないということを述べていて, クワークほかの文法書 (Quirk et al. (1985)) などとの違いがあります。

確かに (8b) は英語らしくないと思われます。その理由は, (3b) には singer という人を表す名詞があるために, which が人のことを問うていることが明らかになるからです。しかし, (8b) では which が人を問うているのか, 物を問うているのかが明らかでないという違いが反映しているものと思われます。イギリスの語法研究家マイケル・スワン氏のコメント (私信による) では, 主語の which が人を指す場合には be 動詞に限るとしていることも参考になります。

今までに述べてきたことは, 次の三つのルールにまとめることができます。このルールは (i) から順に適用されます。

(i) 疑問代名詞 who は人に, which は物に用いる。(この原則は関係代名詞の場合も変わらない。)
(ii) 不特定の人のグループからの選択を言う場合, who を

(iii) 特定のグループ内から人の選択を問う場合は、文脈から誰のことを問うているかが明らかな場合は which を使うことが可能。文脈上明らかでない場合は、which one, which of ... のように、人のことを問うていることを明らかにする必要がある。

そこで、本題の (1) と (2) に立ち返ってみましょう。(1) の文は Jane と Mike という名前をあげているのだから、あらかじめ二人を比較するという前提はないと考えると、(i) と (ii) の原則によって、(1) は避けるべきであるということになります。しかし Jane と Mike の名前が改めて出てくる可能性がないわけではないということを考えると、(1) も特別な前提があれば可能であるということになります。

それでは、今日まで (1) と (2) について、わが国でどのような議論があったのかをみておきましょう。

『英語語法大事典』(1966: 1164–1165) に、(9) と (10) を例としてあげて、「教科書によっては次のように 2 通りの言い方がありますが、which と who とどちらを用いても意味は同じなのでしょうか」という質問があります。

(9) *Which* is taller, Tom or Bill?
(10) *Who* is taller, you or Clara?

回答の趣旨は、「which と who の意味の違い (which は特定グループの中からの選択を言い、who は不特定の中からの選択を言うこと) によって、当然 which の使用が考えられるが、人に

ついてはもっぱら人にしか使わない who を使いたいという傾向の反映であろう」という趣旨です。詳しく調べたわけではありませんが，昔の英語教科書では (1) と (2) の両方を使っていたことがうかがわれます。

『続・英語語法大事典』(1976: 134-135) には，次の趣旨の質問があります。

> 「Rowe and Webb, *A Guide to the Study of English* の "Common Errors" の項に，Who is the taller, you or I? は誤りとして Which is the taller, you or I? とすべきであるとしているが，the をつけてもつけなくてもいいのか。」

これに対する回答は「the をつけても正用法である」という趣旨になっています。質問に引用されている本は私が未見のものですが，ここでの議論に関係があるのは，問題の比較構文に which を使っているということです。

この記述は，今までの本節の流れと合わないような印象を与えるかもしれません。しかしよく考えてみると，(1) の文が成り立つための条件について述べたことと類似しています。確かに *Which* is the taller, you or I? の文は，これ単独では成り立ちません。ですが，この文は，君と私の体格や身長などの話題が出ており，それでは，「君と私とどちらが背が高いのか」という，二つのものを比較する，いわゆる「文中または文外に of the two があるとき」(『英文法解説　改訂三版』(2002: 174)) に該当する例です。すなわち，"*Which of* the two, you or me, is the taller?" というのと同じことです。すでに見たように，of the two を伴う場合は who を使うことはできません。また，of the two が表面上は出ていなくても文脈上それが明らかな場合にも同じことなのです。*Which* is the taller, you or I? が正しいとする感覚の背景には，そのような事実があったのでしょう。もちろん，この場合 the taller とすべきであり，the を省くことは不適切となります。具体的な例を BNC から引用しておきます。

(11) Among twins themselves, whether identical or fraternal, two main themes stand out. *Which* is the older twin and *which* the younger?
(双子の間の関係でも，一卵性であろうが二卵性であろうが，二つのテーマが重要になってくる。どちらが双子の年上であり，どちらが年下であるか，ということだ)

『続・英語語法大事典』の中では上記のような分析には至っていませんが，結果的には『英語語法大事典』や (7) にあげたような文法書の記述などとともに，*Which* is taller, Bill or Jane? を定着させる方向への一助になったのでしょう。

私の院生たちの調べたところでは，今の中学校・高等学校の教科書は不思議と (2) の類例を使っているものは見当たらないようです。うがった見方をすると，次のような背景があるのではないのでしょうか。

最近の教科書の編集には必ず英語のネイティブ・スピーカーが入ります。ネイティブ・スピーカーは，おそらく (1) のような言い方はしないと言うでしょう。編集陣としては，(1) は普通の言い方だと思っている人がいるでしょうから，こんなに日本人編集陣とネイティブ・スピーカーの意見の一致をみない表現法は避

けて通ったほうが賢明だ，ということになるのではないでしょうか。

しかし，中学生用の参考書でも「(1)ではなく(2)を使う」と明言しているものもあります。金谷憲『ダンゼンよくわかるくわしい英文法 中2』(文英堂, 2002, pp. 175-176) は，「二つのものを比較する時，人の場合は Who＋比較級, A or B?」としています。

英語教科書では，人の背丈や年齢を比較する例文を(2)の形で示し，物の比較を which で表す (たとえば，*Which* is taller, the Tokyo Tower or the Eiffel Tower?) ことを明示すべきでしょう。仮に(1)を教えるとしても，それは英語に十分に習熟してからのほうが好ましいと思われます。

ここで，(12a) が普通の表現であり，(12b) は普通の表現ではないことを，別な角度から論証することにします。

(12) a.　*Who* is taller, Jane or Mike?　(＝(2))
　　 b.　**Which* is taller, Jane or Mike?　(＝(1))

私の院生のうち，日本で英語教育を受けた英語教師あるいは院生で将来の英語教師を目指している人たち合計10名は，1人 (現職高校教員) を除いて，すべて which を選びました。それに対して，アメリカなどで英語を習得した帰国子女合計5名は例外なく who を選んでいます。シンガポールなどの留学生も一様に (12a) を選びます。このことは，いかに日本の英語教育の中でwhich を使う用法が浸透しているかを物語っていると思います。

手元にある英和辞典の which の項を手当たり次第に調べてみました。そうすると，1971年から1984年発行の英和辞典 (合計

8種類）には，*Which* is taller, you or your cousin? 式の用例をあげるものが多くみられます。この時期に発行されたものでも，「人の場合は who を使うことが多い」とするものもあります。それ以後は，あるひとつの英和辞典を除いて，今では見られなくなっています。やはり *Which* is taller, Jane or Mike? はおかしな英語だという認識が形成されてきたのであろうと思います。

　その後も継続して，総数で 40 名程度のインフォーマント調査も行いました。大半が who を選び，中には，Jane や Mike が犬やろう人形の名前であれば which でもよいというコメントもありました。それほど who は人に使い，which は人以外に使うという意識が強いということです。40 名程度の中で，アメリカ人の 2 人が which を選び，また別のアメリカ人 2 人が英米の差がある可能性を示唆し which も不可とは言えないとし，さらに 2 人が which を使ってもおかしくはないという反応を示しました。ひょっとして英米で意識の差があるのかもしれません。しかし，文献調査や実際の用例調査を総合して，やはり who が普通であるという結論に変わりはありません。何かの条件があれば which も選ばれる可能性があるから，その可能性を重視して which を選んだ，あるいは which を選んでもよいという反応をしたのではないかと考えています。

　あくまで「who は人に使い，which は物に使う」のが原則です。関係詞の場合はその区別をやかましく教えるのに，疑問詞となるとそのことが忘れられているというのもおかしなことです。

　who は人に，which は物にという使い分けは 17 世紀から普通になって，19 世紀になると which を人に使うことが古風な印象を与えるようになっています。

17 「人」を指す what と which

　日本で英語を学んだ人は,「彼女は10年前とは人が変わった」の意味を She is not *what* she was ten years ago. で表すことを知っています。それこそほとんどどの英和辞典でも,参考書でもそう書いてあります。

　最近,私は必要があって She is different from *who* she was ten years ago. と She is different from *what* she was ten years ago. とどう違うのかを調査しました。このようなことを論じた文献は私の調べた限り皆無です。そこで,まずはインフォーマント調査を行いました。インフォーマント（英,米,加,NZ,豪）は16人です。それぞれの文中の（　）の中に who を入れるか what を入れるかを問いました。

(1) She is not (　　) she was ten years ago.
(2) I owe (　　) I am today to my parents.
(3) Her parents made her (　　) she is today.

　(1) ではどちらでもよいという4人を含めて16人全員が who を選びました。どちらでもよいという人でも, what を使った場合は she が人ではなく別物になったとか,まったく別の仕事についたとかというような解釈ができるが,単に人が変わったという場合は who を選ぶと言います。

　(2) では who が2人, what が6人, どちらでもよいという人が8人でした。(3) では who が7人, what が1人, どちらでもよいという人が7人, whom が1人でした。

　(1) は日本の英語教育では what で教えてきました。しかし,

これは誤った認識にもとづいているようです。who を選ぶ理由は，人のことを述べているからです。who にも what と同じような先行詞を含んだ独立した関係代名詞としての用法があります。それが (1) の ( ) に入る who です。(1) では A is B. (A は B であることを表す文法関係) によって，人を指していることが明白です。したがって who が選ばれます。

しかし，(2), (3) の説明は一筋縄ではいきません。(3) は (1) に似て，who が目的格補語であり，同時に関係詞節の中の主格補語の働きをしています。だから，中には what を選ぶ人がありますが，who を選ぶ傾向が強くなります。

(2) はどうでしょうか。先行詞を含んだ what は that which に置き換えることが知られています。一方，人を表す名詞であっても，場合によっては which で受けることがあります。たとえば You are a philosopher, *which* I am not. (あなたは賢者だが，私はそうではない) といったような場合です。そう，人そのものではなく，人を表す名詞でも，性質や職業を表す意味で使われている場合は which で受けます。

(2) では，「私という人間」「私という全人間存在」といったような意味になっています。また，中には What are you? という職業を問う言い方からの連想でしょうか，「職業」の意味にとる人もあります。(2) の what は，that which で言いかえると that が "my human nature," "the totality of myself" などの代用をしていると考えると理解できると思います。

しかし先行詞が人の場合，それが人そのものを指すのか，人の属性を指すのか迷っても不思議ではないと思います。それが who を選ぶか what を選ぶか，人によって違いが生じる原因と

考えてよいと思います。

以上いろいろと述べてきましたが，(1)-(3) で表したい内容は，別の表現をするという人も少なくありません。

(1′) She is not the same person she was ten years ago.
(2′) I thank my parents for what I am today.
(3′) Her parents made her the person she is today.

(1′)，(2′)，(3′) のような表現で教えるほうが，よほど英語の感覚に近いと言えます。

さらに詳しくは私の論文「「教室英語」を見直す——who と which, who と what の用法から」(2007b) を参照してください。そこで述べたことによって，英和辞典をはじめ多くの英文法書が再考をせまられるはずです。

She is not *what* she was ten years ago. も，実は斎藤秀三郎『熟語本位英和中辞典』(1915) にその起源があります。

18 learn to do：「学ぶ」と「できるようになる」

learn to do の意味

現在の英和辞典は，learn to do に (i)「...することを学ぶ」の意味と，(ii)「...できるようになる」の両方の意味を区別して提示する傾向があります。私が高校生の頃に，確かに learn to swim を「泳ぎを覚える，泳げるようになる」，learn how to swim を「泳ぎ方を覚える」というように習いました。そして，how to swim は「畳の上の水練」の場合もあって，「水泳の方法を習ったからといって，泳げるようになったとは限らない」と

いった注釈を習った記憶があります。出所は分かりませんが，このようなことを教える伝統があったのでしょう。そして，おそらく今でもあるだろうと推測します。

learn to do の構文の (i) の解釈では，learn が主動詞（文を構成する中心になる動詞）になって「...することを学ぶ」ことが中心になり，学習の結果を表す to do は，その動詞が表す行為が実際にできるようになったかどうかは関係がないことになります。learn to speak English であれば，英語は学んだが話せるようになったかどうかは分からないということになります。

それに対して (ii) の解釈では，learn は助動詞的な役割（たとえば You *ought to* be more polite. の ought to と同じような役割）になり，学習の結果を言う do のほうが主動詞という解釈になります。このような区別が実際に英語を母語とする人たちによって行われているかどうか，あるいはそのような区別ができるとしたら，何を基準にその区別をするのかを考えたいと思います。

二つの意味の区別の方法

この二つの解釈を区別する基準として，小西友七（編）『英語基本動詞辞典』に次の提案があります。(A)–(C) の説明と例文の (1)–(3) とその訳はすべて同辞典によります。

(A) (i) の意味では learn to do を learn how to do にできる。また，how 以外の *wh*-word も learn when to do のようにして使うことができる。

(1) a.　The boy *learned how to walk*.
　　b.　*I *learned how to like* her.

(B) (i) の意味では教えてくれた人を表す from ... を付け加えることができる。

(2) John learned *from Bill* not to eat with his hands.
（ジョンはビルから手で食事をしてはいけないことを習った）

(C) (ii) の意味では状態動詞を従えるので，be 動詞をとることもでき，learn to be ... が可能になる。

(3) But Tiffany, who had never *learned to be* afraid of human feet or of human voices, stood her ground, looking curiously at the front door.
（しかし，人間の足音とか声をこわがることを知らないティファニーは玄関をもの珍しそうに見ながらじっとその場に立っていた）

　一部の英和辞典はこれにそった記述をしています。しかし，この三つの区別の基準は，(i) と (ii) の意味の区分と合っていません。
　私が調べた限り，英米の辞書などはここで問題にしているような区別をしているものはありません。また私のインフォーマント調査でも，learn to swim と learn how to swim の間に意味の区別はしないと言います。英米の学習辞典を見ても，多くが learn (how) to swim のように how をあってもなくてもよい要素として扱っています。すなわち，ネイティブ・スピーカーは how があるかないかで (A) のような区別はしないと考えてよいと思われます。

Web.³ (sv. LEARN 1) は，本節の最初にあげたのとはまた別な意味的区別をしています。以下にその辞書の語義定義と用例を引用します。用例は〈　〉に入れてあります。用例は一部省略しています。定義と用例の訳をつけておきました。

(4) a.　to gain knowledge or understanding of or skill in by study, instruction, or experience: receive instruction in 〈*learn a language*〉〈*only just learnt how to enjoy life*〉

(学習・教育・経験から知識・理解・技能を修得する。…の教育を受ける〈言語を学習する〉〈人生の楽しみ方をちょうど学んだばかり〉)

b.　to develop an ability to or readiness for by practice, training, or repeated experience, usually used with an infinitive 〈*learn to read*〉

(練習・訓練・繰り返しの経験により，能力・適応性を発達させる。普通 to 不定詞を伴う。〈字を覚える〉)

この定義は，知識や技能を身につける方法を二つに区別していることになります。(4a) は「指導を受けて覚える（礼儀を学ぶなど）」であり，(4b) は「教えられずとも自然と覚える（子どもが母語を習得する，歩けるようになるなど）」ということになります。要するに，「人から学ぶ」のが (4a) であり，「自分で学ぶ」のが (4b) ということです。

この区別は，冒頭にあげた (i) と (ii) の区別と明らかに異なります。したがって，(4a) には learn how to enjoy life という how のある例，(4b) には learn to read という how のない例が

使われていますが，これは (i) と (ii) の区別とは直接には関係はありません。

ここで，上にあげた (A), (B), (C) の基準の妥当性を再考することにします。

すでに上で述べたとおり，英米の学習辞典では how の有無で意味の違いを認めているものはありません。次の例を見てみましょう。

(5) Most children *learn how to speak* at the age of four.

この文の意味は「ほとんどの子どもは4歳までには話せるようになる」です。「話し方を学ぶ」であって「話せるようになったかどうかは分からない」というような解釈はしません。この文にはわざと how を入れてみましたが，この文を読んだインフォーマントで何かおかしいところを感じた人は誰もありませんでした。

確かに like のような動詞で learn how to like とすることは珍しいが，「不可」とするほど拒否反応があるわけではありません（事実 learn how to like ... の用例は google で検索すると少なからず見られます）。

learn when to interrupt などの how 以外の *wh*-word も可能で，その場合，言うまでもなくそれぞれの *wh*-word には固有の意味があります。したがって learn how to do の how にももちろん意味があります。しかし，それは直接 (i) と (ii) の意味区分と関係はありません。

では，from を付加できるかどうかが (i) と (ii) の意味区分に関係があるのでしょうか。

「...することを学ぶ」の意味では，指導した人があるわけだか

ら from と結合しやすいのは間違いありません。だからといって，それが (i) の意味と結合するというわけにはいきません。次の例を見てください。

(7)　I *learned to* swim from an excellent coach.

これは，「私は優れたコーチに泳ぎを習った」あるいは「優れたコーチに泳ぎを習って泳げるようになった」と解釈することに何ら問題はありません。from があるから習っている途中なので，泳げるようになったと解釈できないなどということはあり得ません。

learn が to be をとることが可能であるということと，状態性を表すこととは関係はないのです。状態であるか動作であるかは be が決めるのではなく，それに続く形容詞・名詞です。*learn to be tall (*背が高くなることを学ぶ，*背が高くなれる) ということはできませんが，learn to be patient (我慢を学ぶ，我慢できるようになる) は可能です。

そもそも learn to do は「学習する」のですから，to do の部分にくるのは当然学習できるものに限られます。*learn to be tall が不可であるのは，tall が状態だからではなく，学習するものではないからなのです。これに対して be patient (我慢強い) は学んで身につけることができます。

それでは，(i) と (ii) の意味的な区分はないと考えるのが正しいのでしょうか。実は (i) と (ii) の区別は時制 (tense) と相 (aspect) と深い関係があります。

まず learn が過去形の場合。

(8) I *learned* (*how*) *to* swim.

(8)は普通「水泳を習った」の意味ですが,同時に「(完全ではなくとも)泳げるようになった」という含みがあります。したがって,この文に *but I can't swim at all を続けることは不自然になります。but I can swim only a little (ほんの少ししか泳げない)を続けることはできます。このように,過去形で使うと,習った結果,普通はそれができるようになったという(ii)の意味をもつことになります。

現在形の場合。

(9) Most children *learn to speak* at the age of four.
(ほとんどの子どもは4歳で話せるようになる)

普通,現在形は習慣的な事実として一般論を述べます。この場合も,学習過程と同時に(ii)の意味で使われます。

現在完了形の場合。

(10) Our child *has learned to* say a few words.
(うちの子どもは単語がいくつか言えるようになった)

これも(ii)の意味で使われます。「習得が終わった」の意味が強く,特に(ii)の意味であることが明らかになります。

現在進行形の場合。

(11) Our child *is learning to* speak.
(うちの子どもはことばを覚えている途中だ)

これは,「まだ十分に話せない」という,学習が進行中であり,(i)の意味になります。

19 How beautiful is she? は何を問う？

以前，『英語教育』(2002 年 7 月号) のクエスチョン・ボックスに how と what について①〜③の質問がありました。回答者は私です。

① The elephant has a very long nose. の副詞 very を尋ねる疑問文として，How long a nose does the elephant have?/What long nose does the elephant have? が可能ですか。
② *How long nose does the elephant have? が不可なのはなぜですか。
③ He has very interesting books. の very を問う疑問文は，How interesting books does he have?/What interesting books does he have? のどちらが良いでしょうか。

私の回答は以下のとおりです。

① how は形容詞(句)や副詞(句)の程度を問う疑問文を作ります。しかし，what にはそのような用法はありません。したがって，(1) は不可です。

(1) *What long nose does the elephant have?

また，③の What interesting books …? は不可です。疑問詞の what と感嘆文の what の用法とは異なります。次に (2a) と (2b) の関係を見てみましょう。

(2) a.　John is very tall.
　　b.　How tall is John?

(2b) は普通 How táll is John? の強勢で身長を聞く用法です。答えは (2a) ではなく "He's síx feet tall." のように具体的な数字で答えます。学校で教えるのはこの用法で十分です。まれに, Hów tall is John? の強勢 (John は背が高いことを前提にして, その度合いを聞く) で, (2a) で答える場合もあります。(2a) を (2b) との関係でとらえるのは, まれな用法を問題にしていることになります。

　how は後にどのような形容詞・副詞もとるというわけではありません。一般的には, deep, far apart, high, long, old, tall, thick, wide などの, 具体的な数字で答える場合にもっともよく使われます (クワークほかの文法書 (Quirk et al. (1985: 452ff., 470ff.) など参照)。how áccurate, how bíg, how fár, how héavy, how lárge, how stróng などの疑問文も可能ですが, 普通はこれらに対しても具体的な数字で答えます。

　「鼻の長さを問う疑問文」ということになると, 堅い表現ですが, (3) の疑問文が可能です。②の文は, 冠詞 a がないので正しい表現ではありません。

(3)　How lóng a trúnk does the élephant háve?
　　(その象の鼻の長さはどれくらいですか)

象の鼻は "trunk" で, the elephant は特定の象のことを指します。(3) に対する答えは, たとえば (4) になるでしょう。

(4)　Its trunk is síx feet long.

文法操作として How ínteresting …?/How dífficult …?/How béautiful …? という形の疑問文を作ることはできますが，聞きたいことが分かりにくく，実際に使われるかどうかは別問題です。How interesting books …? は何を問いたいのか不明 (how＋形容詞＋a＋名詞の場合に (3) のような疑問文が可能なのは，how 疑問文であることが容易に分かるから) です。まだ How ínteresting are the books that he has? のほうがましですが，何を聞いているのか分かりにくい問いです。

　意味と無関係に文法操作をするのは好ましくありません。

まとめ

　本章は学習参考書や文法書，英和辞典などに書かれていることについての問題点をいくつかとりあげました。まだまだ未知のことが少なくありませんが，文法というのはこのようにして新たな発見をし，それを理由付けするという面白さがあることが分かっていただければ幸いです。

第 4 章

教員採用試験問題の英語

はじめに

大学入試問題や学習参考書，英和辞典に対する問題提起がなされるようになってからかなりの時間がたちました。その結果，これらには随分と改善が見られます。ところが，日本の学習文法の化石的なごりは，意外なことですが，英語教員採用試験問題の一部に顕著に見られるように思います。

私は前にも述べましたが，『英語教育』誌（大修館書店）の「クエスチョン・ボックス」の回答者を務めています。その中に，教員採用試験問題集についての質問が何件かありました。それは後に再録しますが，それをきっかけとして，私は教員採用試験問題の特に文法・語彙の問題に限って関心をもつようになりました。

まず，最近の教員採用試験問題の中から，特に英語としておかしな問題文をとりあげてみましょう。

1　教員採用試験問題から（1）

共同教育研究会編『専門教養　英語科の精選実施問題』（2008年版）は，英語教員採用試験の過去問を集めたものだと思います。この問題集をみていると，どうも英語らしくない英語や，解答ができない語彙問題があります。本当に過去問かどうか疑ってしまいます。ですが，これを使って教員採用試験の準備をしておられる方もあるはずです。以下述べることをよく読んでいただいて，この問題集で勉強して英語の文法力・語彙力がつくかどうか考えてみてください。

問題集の中の文法・語彙問題は，全部で15題からなっていま

す。記された出典から見ると，ある県の2007年度の採用試験で実際に出されたもののようですが，事実は私には分かりません。多くのネイティブ・スピーカーは少なくともそのうち7題の英語はどこかおかしいと感じています。誤植と思われる箇所もあります。それはもともとの出題ではなく，問題集の中で生じたのかもしれません。それぞれの問題の後の[　]内にあげたのは(　)に入れるべき選択肢です。問題文には訳をとりあえずつけておきました。この訳はおかしな日本語かもしれませんが，できるだけ英文に合わせてあります。

(1) They will make a short discussion (　　) to lunch.
　　[next, before, order, prior]
　　（彼らは昼食前に短い議論をするつもりだ）

(2) The secretary was asked to (　　) with the client at once.
　　[commerce, correspond, concentrate, connect]
　　（その秘書は依頼人にすぐ文通をするように頼まれた）

(3) If you (　　) like to switch your English lesson plan, please speak to your supervisor by the day after tomorrow.
　　[would, should, shall, could]
　　（もしあなたが英語の教育計画を入れ替えたければ，明後日までに指導教員と話してください）

(4) The superintendent can never get (　　) to reflecting on these serious problems.
　　[help, space, time, around]

　　　　（監督者はこの重大な問題についてじっくりと考える時間をまったく見つけることができない）
(5) My friend passed (　) and a funeral will take place tomorrow.
　　[away, out, by, down]
　　（友人が亡くなって明日葬儀がある）
(6) It takes perseverance and (　) to learn foreign language.
　　[repeat, repetition, repetitive, repetitious]
　　（外国語を学ぶには頑張りと繰り返しが必要だ）
(7) Would you please repeat again? I couldn't make (　) what you were getting at.
　　[out, up, sense, sure]
　　（それをもう一回繰り返してくれますか。あなたが何を言いたいのか分からなかった）

　これらの問題は，選ぶべき選択肢にはさほど問題はないように思われます。しかし，少なからぬ問題文が何か英語らしくないように思います。
　(1) の make a short discussion は have a short discussion とすべきです。これはもっとも基本的なコロケーションです。どの英和辞典でも記述があるはずです。
　(2) は correspond を想定しているものと思われますが，correspond with は「定期的に文通する」の意味であり at once という副詞とはそぐわないし，この文中ではあまりにも堅苦しいために，write to the client とすべきところでしょう。文全体が話

しことばであるのに，correspond という文語がまざりあった文になってしまいます。

(3) の switch は switch A to B とか，switch A from B のように，要素が二つ必要な動詞です。この文では何が何に入れ替わるのか分からないから，switch ではなく change とすべきです。

(4) の get around to doing は，確かに日本語訳では「...する時間を見つける」となります。ですが，ニュアンスは「長い間忙しいとか，やる気が起こらないとかで延び延びになっていたことに着手する」ということです。「深刻な問題を reflect on する」というコロケーションも何かそぐわない感じを受けるというネイティブ・スピーカーもいます。それらを考え合わせて，The superintendent has been too busy to get around to considering these serious problems. のようにすると英語らしくなるでしょう。

(5) は友達が亡くなってその方の葬儀の話でしょうから，a funeral ではなく his/her funeral としなければなりません。第1章4 (21ページ) の「まとまりのある表現」の原則に反しています。

(6) は a foreign language の a が抜けています。また，この文も何かそのまま受け入れがたいところがあり，repetition は何を繰り返すのか分からないなど，すっきりしない文です。

(7) はかなり基本的な問題が二つあります。repeat は語義として「再び」の意味をもっています。again をつけると，「3回目以上の繰り返し」を求めることになります。『ユースプログレッシブ英和辞典』にもその旨の記述があります。また repeat は本来目的語が必要な他動詞で，Would you please repeat that? と

しなければなりません。教室英語で "Repeat after me." と言いますが，この場合は状況からこれから "me" が言うことを指していることが明らかであるために起こる省略形です。(7) では指すものが明らかになっていませんから，その目的語を省略することはできません。

　私たち大学の英語教員は，毎年の入試問題作成に神経をとがらせています。それは，大学入試が社会的に大きな責任があるからです。文部科学省も，出題にあたってミスのないように，という通達を出しています。そして少しでも誤植や複数回答が可能な問題があると，新聞紙上でとりあげられることもしばしばです。進学校も予備校も，大学入試問題を厳しい目で見ています。それと比較して，上に引用した問題はいずれも反省が必要なものばかりです。出題にあたっては，もっとよく検討すべきだと思います。

　同じ問題集に次のようなものがあります。私の訳を加えておきました。

(8) "I'm afraid this painting is not by Monet." "*Yes*, it's just a copy, so it's worthless."
（「私はこの絵はモネ作ではないと思う」「いや，モネだよ。それはコピーにしか過ぎない，だから値打ちがないんだ」）

問いは worthless という形容詞を選ばせる四択問題です。それよりも，この英語はどうでしょう。"Yes." と答えたら「いや，これはモネの作品だよ」という意味になるはずです。Yes と後の部分が食い違っています。まさか，I'm afraid に呼応して yes と答えたという解釈はできないでしょう。

あとひとつ、2007年度のある県の教員採用試験問題から再考すべき問題をあげておきます。

(9) There is a proverb that *a man* is known by the company he keeps.
（ことわざに、男は彼が付き合う人で人物が分かる、というのがある）

問いは、company を選ばせる四択問題です。確かにこの諺は存在します。しかし、今ではいわゆる学習英英辞典や COD[11] などにはこの諺にふれているものはありません。

問題は、第2章で述べた PC に関係します。今ではたとえ諺であっても a man で世間一般の人を代表させるのを避ける傾向があります。

SOD[5] は "know *a person* by *his or her* company, know *a person* by the company *he or she* keeps" の形であげています。a man を a person に置き換えて、それを his or her で受けています。また、アメリカの辞書 MWCD[11] は know *a person* by the company *she* keeps の形であげています。つまり a man ではなく中立的な a person を使い、しかもそれを she で受けています。

このような傾向があることは、少なくとも出題者側は知っておく必要があります。ことばも世の中も変化しています。いつまでも昔のままの教育内容では、問題を引きおこす可能性があることは知っておくべきだと思います。英和辞典もこのような傾向に添った記述に変更すべきでしょう。

2 教員採用試験問題から (2)

　ここでとりあげるのは，前節と同じ問題集の語彙・文法問題です。これも出典によると，ある県の2007年度に出題された問題となっています。全部で10題の英文があり，語群から文脈に合った単語を選ばせる問題です。文中の（　）に入れたのが選ばせる単語です。中にはどれを選べばよいのか分からないものもありますが，とりあえず入れておきました。

(1) Manufacturers spend so much money on advertising to (entice) many people to buy their products.
（製造業者はそんなにたくさんのお金を宣伝に使って自社の製品を人々が買うように誘惑する）

so much money は that 節とか as 句と対応するほうがよい文になると思います。対応がないのならば，a lot of money としたほうがよいでしょう。また，entice は良い意味ではないので，このような文ではふさわしくないかもしれません。Manufacturers spend a lot of money to advertise their products. とでもすれば，意図がもっとよく伝わるでしょう。

(2) Mr. Young is such a (fanatic) jogger that he takes his running shoes with him on business trips.
（ヤンさんはジョギングに夢中で，出張に行く時もランニング・シューズを持って行く）

a fanatic jogger ではなく，a jogging fanatic と言います。google で検索してみてください。a fanatic jogger は 1 件も検

索できません。

 (3) Taking a Shinkansen from Tokyo to Hakata, I often (beguile) myself by reading some magazines.
  （東京から博多まで新幹線を使うとき，私はよく雑誌を読んで自らを誘惑する）

確かに東京から博多までの新幹線は長旅です。御苦労さまです。しかし，いくらなんでも beguile myself はしないでしょう。beguile は人を誘惑したり，陥れたりするという意味です。「ひまつぶしをする」ならば，while away the time / amuse myself などとすべきです。なお，a Shinkansen ではなく the Shinkansen としたほうがよいと思います。

 (4) Children have a (jargon) of their own that their elders usually don't understand.
  （子どもたちは普通は年長者が理解しない自分たち独自の専門用語をもっている）

jargon は専門用語，あるいは悪口で「たわごと」などという意味で使います。子どもが jargon を使うのでしょうか。普通は jargon は不可算名詞なので a はつけません。あるインフォーマントは，children に対応する語は adults であって，elders はふさわしくないと言います。私もそうだと思います。

 (5) He got a gold medal for the (feat) of beating such a strong player.
  （彼はこのような強い選手に勝ったという手柄のために金メダルをもらった）

for the feat of は不要です。しかも feat を入れることによって the feat of doing という英語にはない働きを feat にさせることになります。

(6) His disapproval was (implicit) in his response to her behavior.
(彼の不賛成は彼女に対する反応の中に暗に示されていた)

この文は問題ないように思いますが，response は何か言葉による意識的な反応の仕方を言います。implicit であれば reaction のほうがよいかもしれません。

(7) Car owners who live by the sea are well aware of the (havoc) saltwater causes to a car's finish.
(海のそばに住む車の所有者たちは，塩水が車の仕上げに対して引き起こす大災害によく気付いている)

実は，私にはこの問題の答えは分かりません。問題集の解答は consternation になっています。コロケーションから言えば，cause consternation to … は可能ですが，「車の仕上げに狼狽を起こさせる」というのはどういう意味でしょうか。havoc を入れようとすると，saltwater causes havoc to the car という構造を基礎にすることになりますが，cause havoc to … とは言いません。play havoc with = make havoc of という成句表現は「台無しにする」の意味です。上の文中では damage が最適ですが，語群にはありません。したがって，正答なしが正解だと思います。

(8) Because the jury had reached a (deadlock), the judge called for a retrial.
（陪審が行き詰ったので判事は再審を求めた）

because は主節で結論を述べた後にその理由を説明する機能をもつのが普通なので，because 節は後に回したほうがよいでしょう。また，「判事が再審をもとめ」たりするのでしょうか？

(9) Her first year at school away from home, she suffered (qualms) of homesickness.
（彼女が家庭から離れた最初の年，彼女はホームシックの呵責に苦しんだ）

文頭に during などの前置詞が抜けています。qualms は「良心の呵責」です。「ホームシックの良心の呵責」は意味をなしません。正答なしが正解でしょう。

(10) The power failure at dinnertime caused (consternation) among the city's housewives.
（夕食時の停電が町の専業主婦たちの間に狼狽を引き起こした）

問題集の解答は havoc になっています。havoc は「（自然力・暴動などによる）大破壊，大混乱，大騒ぎ」の意味です。上でみたように，cause havoc とは言えません。残るは consternation です。これを入れるとなんとか英語として成り立ちます。caused a lot of trouble for the housewives in the city とすればよりよくなります。

ただし，housewives だけが夕食の準備をしているという構図

は，PC の点からは問題があるかもしれません。housewife は「専業主婦」で househusband「専業主夫」の対語です。今では性別のない homemaker が好まれます。

　以上，英語の語法・文法上の問題ですらない，基本的なおかしな文について見てきました。前の節でとりあげたおかしな英語も同じことですが，原因は英語を母語としない人が英文を作っているところにあります。私自身も英和辞典の原稿を書く時に適切な用例を作るのに最大限の注意を払います。英文を書くことの怖さを知っているからです。英語の作問をする人は，その怖さを知るべきです。そして，自分の英語の修正のために信頼のおける複数のネイティブ・スピーカーと相談すべきです。

　第 1 章でネイティブ・スピーカー信奉について述べました。ある英文を示して，英語としてよいかどうかという判断にはばらつきが多いことはそこで述べたとおりです。しかし，まともな大学教育を受けた人が，母語である英語で自由に表現すれば，普通は英語らしい英語になります。

　では，次節から文法・語法上論議のある問題をとりあげて，詳しく解説をしてみます。疑問は教員採用試験問題集から生じたものですから，必ずしも過去問そのものではないかもしれません。いずれも初出は『英語教育』(2007 年 3 月号，2007 年 1 月号) クエスチョン・ボックスで，回答者は私です。

3　in ages の可能性

　教員採用試験問題集に，I haven't smoked (　　) ages. という問題があり，選択肢として for, over, in, since があげてあり

ます。解答は for になっています。

age は，少なくともイギリス英語では必ずしも ages と複数にしなくても an age だけで「長い間」という名詞句または副詞句の意味になります。CALD[2] は，an age の用法しかあげていません。いくつか an age, ages の用例を見ておきましょう。

(1) It's been *an age* since we last spoke. (CALD[2])
(話をするのは随分と久しぶりですね)
(2) He waited what seemed *an age*. (COBUILD[5])
(彼はうんざりするほど長い間待った)
(3) The bus took absolutely *ages* to arrive.

(COBUILD[5])

(バスが到着するまでまったく随分と長い時間がかかった)

一部の英和辞典は，in ages の可能性を示しています。一方，英米の辞書で in ages を for ages と同じ意味で使うことを記述したものは数多くはありませんが，いくつか見ることができます。

(4) For the first time *in ages*, we sat down and talked.

(MED)

(本当に久しぶりに座って話をした)
(5) haven't seen him *in ages* (MWCD[11])
(彼には長い間会っていない)

語法辞典では，バーチフィールドの語法書 (Burchfield (ed.) (1996)) に次の記述があります: haven't seen her *in ages* — J. McInterny, 1988. *In ages* is the AmE equivalent of BrE *for ages*.（［用例と出典の訳は省略。書かれている内容は，「in ages はイギリス語法で，for ages に対応するアメリカ語法」ということです。）

三浦＆リードの『前置詞中心英語表現辞典』の"ages, for"の見出しには，「話し言葉では通例 actual time span を意図的に強調するために for áges と強い強勢が置かれる。なお，アメリカ語法ではこの表現の代りに in ages が用いられることがある」という記述があります。

小西友七(編)『英語基本名詞辞典』には，「for an age および for ages (and ages), over [through] the ages, in ages はいずれも「長い間」の意味で，副詞的に用いられる。特に英国語法」とあり，in ages の用例は (5) と同じものがあげられています。

BNC には in ages の例がいくつかあります。また，英米の新聞記事にも見ることができます。(6) はアメリカ，(7) はイギリスの新聞です。

(6) "I haven't seen you *in ages*," ….

(Dec. 9, 2006. *Brooklyn Papers*)

(7) "Hey, I haven't seen you *in ages*!" he says.

(Dec. 10, 2006. *The Sunday Times* online)

試験問題作成に以上のような調査を期待することはできませんが，in ages の可能性があることは考慮すべきであろうと思います。すでに in years が「長年の間」の意味で使われることを考えると，in ages も「長期間」の意味で使われることに何ら不思議はありません。

4 high estimation

英語教員採用試験問題集に (1) のような問題があります。

(1) 次の ( ) の中に入れる適切なものを選べ。
 Your estimation of him is a little high, to say the ( ).
 1. least   2. less   3. more   4. much

正解は1でよいのですが，主節の部分の表現には何か違和感があります。英米加の5人のインフォーマント調査では，堅苦しすぎるとか，自然ではないとする人が4人，これでも意味は分かるからよいとする人が1人という結果です。意見の違いはありますが，ごく普通に使う表現ではないと思われます。

確かに estimation は high, low と結合しますが，Your estimation is high .... のような語順になっている点が違和感のひとつの原因だと思います。また，副詞用法の a little が修飾する形容詞・副詞には制限があって，sleepy, small, stupid, tired, unhappy などに限られます。その他の形容詞・副詞を修飾する場合は，a little too dangerous, a little too young のように too が必要です。

市川繁治郎（編集代表）『新編 英和活用大辞典』の estimation の項では，次のような例があります。

(2) He is held *high in their estimation*.
 (《文語》彼は彼らに高く評価されている)

この例の中で使われた in a person's estimation の成句が基本的

な使い方になっています。

　ただ，BNC には次の例があります。

(3)　Although a deserter, *his estimation of the Khmer Rouge was still high*: "The Khmer Rouge can survive in the jungle for ever."
（脱走兵ではあるがまだクメール・ルージュに対する彼の評価は高かった：「クメール・ルージュはジャングルでは永遠に生き延びることができる」）

このような例はきわめてまれです。ですが，(1) が Your estimation of him is a little *too* high. となっていれば容認される可能性が高くなるでしょう。いずれにしろ estimation のような名詞形を使うと，かなり堅苦しく古めかしい表現になります。

　動詞を使って，You *estimate* him a little too *high* to say the least. のようにするのがよいと思います。

　教員採用試験に実際に出題された問題だとすれば，もう少し英語の表現を手直しすべきだったと思います。

5　inquire のとる構文

　英語教員採用試験問題集に次の問題があります。

(1)　The policeman (　　) of the stranger his name and his address.
　　　1. asked　2. declared　3. inquired　4. suggested

(　)の中に入れる語を選ぶのですが，正解は3になっています。

ですが，inquired を入れた場合の語順に問題があります。

問題の inquire が of をとるときの用法は，次のような例で代表されます（OALD[7] は，inquire のイギリス綴りの enquire を使っています）。

(2) a. "Are you sure?" he *inquired of* Rose anxiously.
 (MED)
 b. "Where's the station?" she *inquired of* a passer-by. (LDCE[4])
 c. "Will you be staying?" *she enquired of* Charles.
 (OALD[7])
 d. "Who are you?" he *inquired of* the first man.
 (COBUILD[5])
 e. The committee will *inquire of* Millhouse about his involvement with the bank. (LAAD)
 （委員会はミルハウスにその銀行との関わりを問いただした）
 f. may I *inquire of* you where the meeting is?
 (BBI[2])
 （ちょっとおたずねしますが，会議はどこでありますか）［注意: BBI[2] の用例は原則として小文字で始まります］

COBUILD[5] は，文型表示で inquire of ＋人＋wh 節の可能性をあげていますが，用例はありません。そこで WordBanks*Online* でこの例を探してみると数例あることが分かりました。二つだけ引用しておきます。

(3) a. While sitting in a fold in the mainsail, trying to attach a rope to the boom, he *inquired of the skipper if* this was a good place to be sick.

(メーンスルの折り目に座って帆げたにロープを結びつけようとしながら，彼は船長にこんな所で吐いてもよいだろうか，と聞いた)

b. Fëdor Petrovich *inquired of Ivan Ilych whether* he had ever seen Sarah Bernhardt.

(フォドル・ペトロビッチはイワン・イリッチにサラ・バーンハルトに会ったことがあるかと聞いた)

このように，inquire of ... は，直接話法をとる伝達動詞としての役割と，直接話法を間接話法に変えた (3) のような場合，それに (2e) のように，inquire of A about B のような場合に限られるようです。BNC, WordBanks*Online* の検索でもその事実は確認できます。

英和辞典では，inquire A of B の形をあげるものが多いのですが，この形は今では古くなっているようです。インフォーマントは5人とも，(1) の文は awkward (不格好) だと言います。

(1) を The policeman inquired his name and address of the stranger. の語順にすると，意味が「見知らぬ人に彼 (つまり第三者) の名前と住所を聞いた」のようになり，その語順をとることもできません。

このように検討してくると，(1) の問題には正解がないことになります。この文が意図することを表現するためには，(4) のような表現が適切だと思います。

(4) a. The police officer *asked* the stranger (for) his name and address.
   b. "Your name and address, please," the police officer *inquired of* the stranger.

policeman はもちろん正しい英語です。しかし，PC の観点から近頃は男女の区別のない police officer を使う傾向から考えて，また，教員採用試験という性格から考えて，the police officer としておきました。

COBUILD[5] の記述や BBI[2] の用例にならって (5) のようにもできると思いますが，awkward だと感じるインフォーマントが多いので，やはり COBUILD[5] が可能であるとしている用法を一般化はできないようです。

(5) The police officer *inquired of* the stranger what his name and address were [was].

his name and address は二つが別のものとして複数扱いにもなりますし，一体のものとして単数扱いにもなります。

まとめ

本章では，おそらく今まであまり扱われてこなかった教員採用試験問題集にある問題を見てきました。この問題集にある問題が本当に教員採用試験で出題されたものであるならば，反省をして頂きたいところです。

ほかでも述べていますが，ネイティブ・スピーカーでないわれ

われが作る英語はどこか英語らしさに欠けることがしばしばです。そのことに対する認識が甘すぎます。

　それと，何といっても文法・語彙問題についての調査が不十分です。大学の入試問題にしろ，センター入試問題にしろ，公開されてその解答例も公表されることが多いと思います。このような努力は，社会的な責任を果たすために行われているのです。

　教員採用試験も広く批判の対象になるように，人の目にふれる形にすべきだと思います。

第 5 章

英和辞典のここがおかしい

はじめに

　英和辞典に数多くの問題があることは，私はいろいろなところで指摘してきました。『英和辞典の研究——英語認識の改善のために』(開拓社，2006) はその集大成です。しかし問題はそこで扱ったところではなく，まだまだ数多くあります。本章では，そのような問題点のうち未発表のものを含めて，いくつか興味をもっていただけそうなものをとりあげます。

　英和辞典がかかえる問題点の根源もいろいろとありますが，今の英和辞典編者が自らひとつひとつの単語や熟語の用法を検討しないまま，過去の辞書や類書を引き写してきたのがもっとも大きな原因です。個別の辞書をみればそれぞれに長所や欠点がありますが，そのことはあまり問題にはしないつもりです。[1]

　第2章2で，英和辞典の歴史をざっと見ました。そこでも述

　1.　個別の英和辞典の記述の問題をとりあげると，それこそ枚挙にいとまがありません。問題点はやはり例文に多いように思います。改訂版になってなお悪くなるということもめずらしくありません。辞書名はふせておきますが，次のような例があります。

　旧版の用例［HUMAN の項］が，No one knows how many languages have died since humans *became able to speak*. (人間がしゃべれるようになってからどのくらい多くの言葉が死滅したか誰にも分からない) が，改訂版では No one knows how many languages have died since humans *became learned to speak*. となりました。

　念のために9名 (イギリス3人，アメリカ5人，カナダ1人) のインフォーマントに意見を問いました。全員一致して，became learned to speak がおかしいと言います。この改訂を加えた執筆者は，もう一度英語を学習しなおすことをお勧めします。

べましたが、やはり何といっても斎藤秀三郎『熟語本位英和中辞典』に発する問題が一番多いと思われます。かといって、何も斎藤秀三郎先生に責任があるわけではありません。責任はすべて、無批判に内容を受け継いできた辞書編集者にあるのは言うまでもありません。

　時代の制約の中で、『熟語本位英和中辞典』ほどの内容をもった英和辞典を作り上げたことは誰もが称賛するとおりです。権威があるからこそ、そのまま無批判に引き継いできたのですが、90年以上前に作られたことにどうして思いがおよばないのでしょうか。言語が変化することを知らない人はないはずなのに。

　学習者や一般の利用者は、辞書は権威があり、それに誤りがあるなどとは考えたこともないでしょう。しかし、辞書編集者、執筆者はそれでは困ります。すでに書かれていることすべてを疑ってかかるという姿勢がなければ、充実した内容の辞書を作ることはできません。

　最近は電子辞書の便利さに押されて、紙ベースの辞書の利用が減りました。電子辞書は便利でいいのですが、いったん買うと値段が高いので、ほぼ一生そのまま使う可能性が高いと思います。ところが、辞書はしょっちゅう改訂します。「版」が改まらなくても、「刷」といわれる増刷の機会に誤植や小さな修正を行っています。その意味では、同じ電子辞書を10年も15年も使い続けると、まったく時代遅れの辞書を使っているということになりかねません。それはそれとして、いま現在市販されている英和辞典にはまだまだ改善の余地があります。その具体的な問題をいくつか考えてみましょう。

1 Young as I am の as は何か？

Young as she is, ... は「理由」（若いので）と「譲歩」（若いけれども）の二つの解釈が可能です。特に as がなぜ「... ではあるが」のような「譲歩」の意味をもつのでしょうか。また，Young as she is, ... はよいのに，*Woman as she is, ... が正しくないのはなぜか，という問いにも答えておきたいと思います。

譲歩の as の正体についての議論は，小著『新しい語法研究』（山口書店，1987）を参照していただきたいのですが，簡潔にまとめると以下のようになります。

まず，young as she is のような語順になるのはなぜでしょうか？「理由」の意味であろうが「譲歩」の意味であろうが，この語順は「倒置」(inversion) の結果生じたものではありません。as she is young の語順では「理由」の意味にしかならないのに，young as she is の語順になると両義になるということから考えても，語順転倒では説明がつきません。しかも，「理由」の意味なのか「譲歩」の意味なのかの判断はあらかじめ決まっているのではなく，後続する主節の内容によってその解釈が決まるという点も語順転倒からは説明がつかないことです。

young as she is の語順は，as young as she is という同等比較の意味の as ... as から生じたものであり，さらにそれには，she is as young as she is から生じたと考えることができます。意味的には「あれほどまでに若い」という意味です。それが分詞構文化して，being as young as she is となり，分詞が省略されて，as young as she is となり，さらには文頭の as が落とされたものと考えると，いろいろなことの説明ができます。

以上をまとめて図式的に考えると，Young as she is, she is trusted by everyone.（若いけれども［若いので］彼女は皆から信頼されている）の文は，次のような過程を経てできあがったものと考えることができます。

　　Being as young as she is, she is trusted by everyone.
　　→ As young as she is, she is trusted by everyone.
　　→ Young as she is, she is trusted by everyone.

これらの文はそれぞれそのまま実際に使うことができますが，どれをとっても，文意は曖昧であり「若いので」「若いけれども」のいずれの解釈も可能です。すなわち，young as she is の曖昧性は，分詞構文の曖昧性と同じものなのです。

同等比較を表す as ... as の ... の部分に入ることができるのは，当然のことながら，比較級・最上級などの「程度性」をもつ形容詞です。a young girl という名詞句であれば as young a girl as she is の語順になる。だからこそ，名詞句だと young a woman as she is の語順になると昔から教えていたのです。名詞でも fool のような形容詞的な程度をもった名詞であれば，fool as she is のように使うことは可能です。しかし woman にはそのような程度性がないから，woman as she is が英語としておかしいということになります。この語順になると woman の冠詞が落とされるということも言われていました。それは fool のような名詞は形容詞的な性質が強いために as ... as の ... に入ることができるのであり，形容詞として扱われるために冠詞が落とされるのです。

young as she is のような構文の成り立ちを誤解して，斎藤秀

三郎が『熟語本位英和中辞典』の中で，名詞でも形容詞でも文頭にくることができると思ったことが，その後の英和辞典や英語教育に大きな影響を与えてしまったのです。

今の大学受験問題集を見ると，形は変えながら Little boy as he is, ... のような問題があります。出典に大学名がありますが，年号がなくいつの出題かは分かりません。いずれにしろ，はるか昔に名詞あるいは名詞句を文頭に出す「譲歩の as」の用法は廃れたか，あるいはもともと普通でない使い方であったのです。

この as の用法は堅苦しく古い表現であり，形容詞・副詞が文頭にくるならまだしも，それ以外の形は英語教育には無用です。

2　日本語独特の受け身と have

私が高校生の頃は，I had my wife die. (妻に死なれた) という用例を通じて「被害」の have の用法を覚えました。1980 年頃までの英和辞典は軒並みにこの「被害の have」をとりあげ，(1) の用例をあげていました。しかし，今はそのような例はほとんど英和辞典から姿を消したと思います。この用例もやはり斎藤秀三郎『熟語本位英和中辞典』がもとになっています。そこには「I had my wife die. (女房に死なれた)。(中略) 自動詞の passive (行かれる，来られる，死なれる等) はこの形」。そして，次の用例もあげられています。

(1)　I don't like to *have* you go.
　　　(君に行かれては困る)
(2)　The students are afraid of *having* him become prin-

cipal.

(学生たちは彼に校長になられるかと思って心配している)

これらはいずれも現代の英語で普通に使われる表現ではありません。詳しい議論は，私の『ネイティブの直観にせまる語法研究』(1996: 275ff.) を参照してください。

しかし，上の記述はまったく根拠がないわけではありません。OED の have の項に，"to have some one do something"（人に何かをさせる），"to have something happen to one"（何かが人に起こるようなことがある）のような語義定義をあげています。また 1691 年の例として (3) があります。古い英語ですから，綴りが今とは違うところがあります。誤植ではありません。

(3) Jacob *had* his wife *dye* suddenly in his journey on his hand.
(ヤコブは彼の旅行中に突然妻に死なれるような困ったことが起こった)

これが冒頭の I had my wife die. の文の原型と考えてよいと思います。ただ，この have は「あることを経験する」の意味で使われるもので，日本語の「被害」の意味とは対応しません。(3) は on his hand（自分にとって不利になって）のような「被害」の意味をもった副詞的語句を伴っています。また，suddenly のような主語が加害者としての解釈を妨げるような副詞も伴っています。このような副詞とともに使うと「不利益なことを経験する」の意味になり，日本語の「妻に死なれる」といった「被害」の意

味に近くなって，理解されやすくなります。(4) は現代英語の実例です。

(4) a.　I've *had* a lot of people die on me.
　　b.　I haven't *had* a patient die suddenly in years.

冒頭の文も，前節と同じく，実は (3) の OED の用例をもとにしたある種の拡大解釈から生まれた日本人的発想の用法だったのです。

3　argue の「…であることを示す」の意味？

　英和辞典では，argue の他動詞用法のひとつに，主語が人ではなく事柄で，その事柄が目的語の名詞を「証明する」という意味になる場合と，that 節，または目的語 + to be + 補語をとって，「…であることを示す」という意味をあげるものが多くあります。いくつか用例を引用しておきます。出典はいずれも，いま使われている英和辞典です。(1a) は「彼の態度を見ると育ちの良さが分かる」，(2a) は「彼の訛りを聞くと外国人だということが分かる」，(3a) は「彼の服装をみれば彼が貧しいことが分かる」という意味です。その他の用例も，類推によって大体の意味は分かるでしょう。

(1) a.　Her manners *argue* a good upbringing.
　　b.　His clothes *argue* poverty.
　　c.　His house *argues* his poverty.
　　d.　Her performances *argue* her genius.

e. His behavior *argues* selfishness (in him).

(2) a. His accent *argues* (*that*) he is a foreigner.

b. His clothes *argue that* he is poor.

c. His house *argues that* he is poor.

d. Her performances *argue that* she is a genius.

e. This tradition *argues that* education is necessary for all of us.

f. His behavior *argues that* he is selfish.

(3) a. His clothes *argue* him *to be* poor.

b. His house *argues* him *to be* poor.

c. His behavior *argues* him (*to be*) selfish.

(1) は，名詞を目的語にとったもの，(2) は that 節をとったもの，(3) は目的語 + to be C をとったものをあげました。英和辞典の中には，(3c) のように to be の省略を可能とするものがあります。また，(1d) の her genius は文型表示がないので，名詞句なのか，それとも her to be genius から to be を省略したのかは分かりません。とりあえず (1) に入れてあります。

　これほどの英和辞典が軒並みこの語義と用法をあげて，しかも，中には「堅い表現」といったラベルを与えるものがある程度ですから，辞書の利用者は，今も普通に使われると思うでしょう。また，OALD[7] は問題の語義と目的語に名詞句をとる構文と用例をあげています。LDELC[3] は《formal》(堅苦しい) というラベルを与えていますが，語義とともに名詞句をとる用例と that 節をとる用例をあげています。

(4) a. These latest developments *argue a change* in gov-

　　　　　ernment policy.　　　　　　　　　(OALD[7])
　　b.　Her essay *argued a very good grasp* of the facts.
　　　　　　　　　　　　　　　　　　　　　(LDELC[3])
　　c.　The way he spends money *argues that he is rich*.
　　　　　　　　　　　　　　　　　　　　　(LDELC[3])

しかし，この意味は COBUILD[5], CALD[2], LDCE[4], LAAD, MED, Encarta, NOAD, BBI[2] などにはありません。
　一方でアメリカの中型辞典である WNWD[4] は，問題の語義と (5) にあげた用例があります。

　　(5)　his manners *argue* a good upbringing

Web.[3] のあげる用例は，エドワード・サピア (Edward Sapir) というアメリカの言語学者からの引用で，ほぼ1920年頃の文献のように思われます。

　　(6)　the presence of a large population in a restricted area generally *argues long occupancy*
　　　　　　　　　　　　　　　　　　　　(Edward Sapir)
　　　　（限られた地域にたくさんの人口があるということは，定住が長いことを物語る）

OED の最新の用例は (7) にあげたもので，1879年となっています。

　　(7)　Nor ... did the use of this material *argue* poverty.
　　　　（この材料を使うということが貧しさの証明にもならなかった）

COD 初版は, "prove, indicate"(...であることを示す)の語義をあげ, it *argues* him (*to be*) a rogue/*that* he is a rogue, roguery in him の用例をあげています。

おそらくそれを受けたのでしょうが,『熟語本位英和中辞典』は次のように記述しています。

> 証明する, 証拠となる　The Creation argues (= shows) a Creator. 森羅万象は造物主有るの証(あかし)なり。His conduct argues (= shows) him to be a knave. この行為に依って見るも彼の悪漢なる事は明白なり。(ルビは筆者)

COD は第5版まで初版の記述を受け継いでいましたが, 第6版(1976)からは削除されています。しかし, 日本の英和辞典は原則的に COD 初版または『熟語本位英和中辞典』をそのまま受け継いでいるということになります。ただ, COD は that 節をとる用法をあげていますが,『熟語本位英和中辞典』はそれをあげていないという違いがあります。

COD 第6版は, まだまだ保守性の強い Sykes の編であり, そこから省かれたということは, すでにその時代には合わない内容であったに違いありません。

(1), (2), (3) にあげた英和辞典の用例は, いずれも酷似しており, しかも英米のいずれかの辞書の用例とも酷似しています。英和辞典それぞれが独自の調査によって得た用例ではなさそうです。

いずれの用法も, 現代英語のコーパスでは検証できません。また, インフォーマントも古くて今は使わないと言います。ただ, コーパスでは, argue that ... の用例は数多くあるために,

(2) との区別が十分にできていないかもしれません。

このような状況を見ると，おそらくは (1), (2), (3) のような用法は今は廃れていると考えてよいと思います。特に (3) のタイプの用法は OALD[7], LDELC[3] にもないもので，廃用と考えてよいでしょう。残る問題は，OALD[7], LDELC[3] の記述をどう考えるかということです。OALD は伝統のある辞書ですが，特に第 5 版までは特に保守性が強くありました。第 6 版になって，コーパスなどを使うことによって保守性はかなり払拭されましたが，まだまだその痕跡が見られます。それが第 7 版にも残ったと考えることができます。LDELC はロングマン社の辞書としては独自の方針をとっています。

4 attain the summit of a mountain（山の頂上に到達する）？

多くの英和辞典は，attain の意味として「状態・年齢・場所に到達する」をあげています。そして，多くの英和辞典は，「場所に到達する」として attain the summit of a mountain のような用例をあげています。一般に英和辞典は，「場所に到達する」の用法があることを認めています。いくつか英和辞典にあげられた用例を引用しておきます。いずれもよく似かよっていることが分かります。

(1) a.   *attain* the mountain peak
    b.   *attain* the summit of the mountain
    c.   *attain* the top of the mountain

斎藤秀三郎『熟語本位英和中辞典』の attain の項にある「(the

summit)絶頂に達する」の記述があります。COD 初版は "arrive at, reach; gain, accomplish"(到達する,到着する;達する,成し遂げる)のような意味をあげていますが,用例はありません。

OED には "To reach by motion, to arrive at, 'gain' (a point aimed at)."(移動によって到着する,到達する,(目標地点に)達する)の語義があります。一番新しい例は,(2)にあげたものです。

(2) The heroic marshal, however, *attained* the opposite shore. (1854)
(しかしながら,勇敢な元帥は対岸に到達した)

これらの記述から,「場所に到達する」場合にも attain を使うことができるのかどうかは判断できませんが,Web.³ にはその例があります。

(3) *attain* the top of the hill
(山の頂に到達する)

したがって,(1)の例はおそらく『熟語本位英和中辞典』か,Web.³ に由来するものでしょう。

現代英語のコーパスを調べても,「年齢に達する」の場合は珍しくありませんが,「場所に到達する」の意味で使われたのは次の1例のみです。この用例は現代の作家 Muriel Gray の作品からの引用です。

(4) On *attaining* the summit, it's a bit of a shock to see how far down the ridge drops round the lip of the

corrie before climbing back up to Aonach Beag, ...

(BNC)

(頂上に着くと，はるか下のほうで，尾根がアオナック・ビーグに向かって再びのぼっていくまでに山腹の円いくぼみの縁にそって急激に落ち込でゆく様子は，見ていて少々息を呑む思いだ)

ところが学習英英辞典をみると，いずれも "attain a particular state or condition" (COBUILD[5]), "to reach a particular level, age, size etc." (LDCE[4]) などとして，場所については触れていません。その大きな理由は，attain the summit でなく，reach the summit のコロケーションが一般的であるからでしょう。

(1)のような例は，このままおいておくかどうかはそれぞれの編者の責任で決めることですが，すでに古くなっていると考えてよいと思います。

5　古い成句

英和辞典には，古い成句がたくさんあげられています。成句が古くなったかどうか，実際にはなかなか確認が難しいので，辞書の改訂の際でもほとんど無反省にそのまま残されていく傾向があります。その結果，シェイクスピアが演劇の中で使っていたが，今は日常的に使うことがないものが残っていることは珍しくありません。確かに，英米などの英語圏の国では小学生でもシェイクスピアのせりふは理解できるでしょうが，日常で使うとこっけいになるような表現方法は，古い成句であることを明示するか，

いっそ省くかしたほうが利用者に親切です。

現在市販されているある学習英和辞典の ear の項の成句で，いかにも古いものをあげてみましょう。

(1)　The incident *set us by the ears*.
　　　（その出来事がわれわれを仲たがいさせた）
(2)　I would *give my ears* for that.
　　　（そのためならどんな犠牲もいとわない）
(3)　*Lend an ear to* what the coach is saying.
　　　（コーチが言っていることを聞け）

(1) の set ... by the ears は OED の ear の項に成句としてあげられています。用例は次のとおり: Does it [Turkey] fancy that it will obtain security for itself by *setting* Greek and Bulgarian *by the ears*? (1868)（トルコはギリシヤとブルガリアを仲たがいさせて安寧を手に入れようと思っているのだろうか）。これもいかにも古い用法だと思います。

(2) の give one's ears for は，OED の ear の項の "to be willing to give one's ears" という成句に由来するもののようです。OED の定義は "to be ready to make any sacrifice"（どのような犠牲も払う用意がある）となっています。もとの成句の形と変わっていますが，いずれにしろ，今の英語で使うものではありません。

(3) の lend an ear も OED の ear の項に, lend an ear (one's ear) としてあげてあるもので，用例は次のとおり: Then lend me your eares. (1604)（それでは私の言うことに耳を傾けなさい）。

(1), (2), (3) の成句はいずれも，現代英語の成句辞典や英英辞典にはないものです。古いものがすべて今は使わないというわけではありませんが，辞書編集者はいま使われるかどうかを検証しなおす必要があります。

以下に，興味のありそうな古い成句で，さしたる指示もなく英和辞典があげているものをとりあげます。

have a game with him（彼をだます）

ここでは，よく英和辞典があげる have a game with him という成句の意味を考えることにします。

英和辞典の game の項に「計画，計略，意図，うまい手」の語義があり，それに対応して，「have a game with him 彼をだます」の例があります。しかし，これは今では古くなっていると思います。英米加の5人のインフォーマントは誰ひとりとしてこの使い方を知っている人はいませんでした。成句として play games with ... がありますが，これは「からかう」の意味で，「だます」ではありません。

この成句はどこからきたのか，手元のあらゆる辞書類を探してみましたが，どうやらワイルドの英英辞典（Henry Cecil Wyld, *The Universal Dictionary of the English Language*）が出典のようです。game (I), n. 第6義を以下に引用します。

> Jest, joke, fun; opposed to earnest: to speak in game, Phrs. To make game of, ridicule, laugh at; to have a game with, to hoodwink, befool.
>
> （戯れ，ジョーク，おかしさ；earnest の反対: to speak in

game 冗談を言う，成句 To make game of 嘲る，笑いものにする；to have a game with だます，馬鹿にする。)

おそらくこれを受け継いで，『三省堂クラウン英語熟語辞典』(1965) に "have a game with ... を馬鹿にする；だます；に馬鹿を見させる：You are having a game with me. あなたは私をだまそうとしている" の記述ができたのでしょう。

これがいろいろな経緯の後に今の英和辞典に残っているものと思われます。現代英語を扱った辞書としては削除したほうがよいでしょう。

pass a person's understanding は「理解を超える」？

多くの英和辞典は，他動詞 pass の語義に「〈理解力・能力など〉を超える」をあげています。そして，その語義の用例はだいたい似かよっています。主なものをあげておきます。

(1) a. Quantum physics *passed* most everyone's understanding.[2]
(量子物理学はほとんどの人に理解できなかった)
 b. Her story *passes* belief.
(彼女の話はとても信じられない)
 c. The love of God *passes* all understanding.
(神への愛はすべての理解を超えた計り知れないものである(＞聖書から))

---

2. most everyone という表現は誤りで，almost everyone とすべきです。しかし，その議論は今はおいておきます。

d. The size of the universe *passes* human comprehension.

（宇宙の大きさは人間の理解の範囲を超えている）

e. The reason *passes* all understanding.

（その理由はまったく理解できない）

このような用例は，斎藤秀三郎『熟語本位英和中辞典』の次のような記述がもとになっていると考えてもおかしくないと思います。

> 他 5（= exceed, transcend, go beyond — all bounds — 限界を）超える，超越する，度を過ごす。(power, belief, comprehension)（力などに及ばぬ）。His achievement passes belief. 彼の成功は迚(とて)も信じられぬ。How he manages to live passes my comprehension. 何うして生きているか迚(と)も解(げ)せぬ。The beauty of the scenery passes all power of description. 其(その)美(び)筆紙に盡し難し。（より）She was passing fair. 非常な美人。Passing rich with forty pounds a year. 大層な金持ち。（ルビは筆者）

この語義の pass がとる目的語として，power, belief, comprehension のようなものがあり，comprehension の類推から understanding を使った例が生まれたのだろうと思います。そして，この『熟語本位英和中辞典』の記述は，次の COD 初版の記述がもとになっていると考えても的外れではないでしょう。

(2)　be too great for, as *it passes my comprehension*

この記述は前半が語義定義，後半が用例です。語義定義は，「…

にとってあまりにも偉大すぎる（大きすぎる）」であり，用例は「それは私の理解を超える」の意味です。やはり『熟語本位英和中辞典』との類似性は明らかでしょう。さらに，この COD の記述は，OED の記述に遡ります。

OED の語義定義に次のものがあります。

> "To exceed or be beyond the compass or range of (any faculty or expression); to be too great for, transcend."
> ((能力または表現) の範囲を超える；…にとってあまりにも偉大すぎる（大きすぎる），超越する)

用例は 18 世紀，19 世紀のものがあります。

(3) a. It *passes* all comprehension to conceive such a thing. (1701)
  （このようなことを思いつくのはあらゆる理解を超えている）
 b. To express ... that grief which *passes* show. (1820)
  （見せかけを超えた悲しみを表現すること）

WordBanks*Online* には 1 例ありますが，古い文献からの引用です。

(4) "He recalled in his autobiography: 'We landed in the afternoon, were marched to the Immigrants' Home." Why the place was ever called a home *passes my comprehension*. It was filthy dirty, with absolutely no accommodation of any kind. Had I been a person who took drink, I would have gone

out after seeing my wife in bed and got gloriously drunk.

（「彼は自叙伝の中で記憶をたどっています：「午後に上陸し，「移民ホーム」に連れて行かれた。その場所がどうして「ホーム」と呼ばれるのかは私の理解を超える。汚れて薄汚く，まったくなんの宿泊設備もなかった。酒が飲めるのだったら，妻が床についたのを確かめてから外出し，盛大に酔っぱらうところなんだが」」）

英米の学習辞典を見ると，LDCE[4], COBUILD[5] にはこの語義の記述も用例もありません。しかし，いくつかの英英辞典は次のような成句表現をあげています。

(5) a. *It passes belief that* she could do such a thing.
(OALD[7])
（彼女にこんなことができるとは理解できない）
b. *It passes* (*all*) *belief that* he could have been so selfish. (CALD[2])
（彼がこれほどに自己中心的になれるとは理解できない）

成句化したために，belief に限定詞が必要でなくなっていることが分かります。

このような状況を見ると，古くは (1), (2), (3) にあげたような使い方があったのでしょうが，段々と廃れて，今は堅苦しい表現として It passes (all) belief that ... という成句として生き残ったと考えてよいと思われます。

How goes the enemy? (いま何時?)

　英和辞典の中には成句として，How goes the enemy? をあげるものがあります。ただし，最近出された英和辞典はこの成句をあげていないものが多いようです。

　この成句は「何時ですか」(What is the time?) の意味なのですが，今日では英語を母語とする大人でもほとんど知らない成句のようです。特にアメリカ系の一般辞書にはこの成句はあげられていません。英語を母語とする人たちにさえもほとんど知られていない成句を学習英和辞典があげているのはよくあることで，何もこの成句に限りません。ですが，これはとても興味のある成句なので，その系譜をさぐってみました。

　英和辞典の記述は，『熟語本位英和中辞典』→ COD 初版 → OED と遡ることができるようです。一方で，『研究社新英和大辞典』は初版 (1927) から最新の第6版までこの成句をあげています。英和辞典でこの成句をあげるものは，やはり《今は廃用》といったラベルが欲しいところですが，この成句自体を歴史から抹殺してしまうには惜しいことも事実です。

　COD の記述は初版から第7版まで続きます。『熟語本位英和中辞典』の記述は次のとおりです。

　　時間（は遊惰者の敵）。How goes the enemy? (= What is the time?) 何時か。

この記述は COD 初版によるもので，COD の記述は当然ながら OED の記述にもとづいています。OED には Charles Dickens (1839), Bailey Festus (1839) からとった用例が記されています。

『新クラウン英語熟語辞典』には次の記述があります。

> How goes the enemy?/What says the enemy?《口》何時です。(時は(遅れている) 人の敵だから)

『熟語本位英和中辞典』と『新クラウン英語熟語辞典』は，それぞれこの成句の起源を説明しようとしていますが，そのような記述は OED, COD には見られません。『熟語本位英和中辞典』の説明は，「怠惰な者にとっては時間が敵になる」ということであり，『新クラウン英語熟語辞典』は「遅れている人にとって時間は争いの相手である」ということです。若干の違いがありますが，いずれにしろ，説明を試みるというのは編者自身に，(1) がなぜこのような意味になるのか説明をしておきたいという願いがあるのでしょう。

この成句の詳しい説明が，パートリッジの『常套句辞典』(E. Partridge, *A Dictionary of Catch Phrases*) にあります。その説明をかいつまんで記しておきます：この表現はフレデリック・レイノルズ (Frederic Reynolds, 1764–1841) の書いた戯曲の中でアンニュイ氏 (Mr Ennui, "the time-killer") が初めて使ったもので，20 世紀前半には廃れた表現です。Ennui はその名のとおり時間を kill (殺す) 人であるから，殺す相手である時間はその人の「敵」であるということになります。

この成句の出典について，オックスフォードの『引用句辞典』(*The Oxford Dictionary of Quotations*, 3rd ed. 1979: 405) もやはりレイノルズを出典にあげています。

英語を単なるコミュニケーションの手段と考えるのではなく，深い教養の一部としてとらえるならば，知っておいてよい表現か

もしれません。

まとめ

　英和辞典が古い記述を残していることは，私が30年来指摘してきたところです。しかしなかなか全体的に改善が進まないようです。過去の英和辞典から隔絶した，まったく新たな考え方をもたずには良い辞書はできないと思います。

　本書のいたるところで述べてきた日本の英語教育界の保守性と，保守的傾向をもった英和辞典はぴったりと符合します。双方が保守性を支え合っているのです。

　近年は電子辞書が普及して，持ち運びの便利さから学生・生徒はほぼ電子辞書を持って学校に行くようです。数万円もするものを一生のうちに幾度も買い換えるというようなことはあり得ないでしょう。

　しかし一方で，英語の研究は日進月歩であり，私のように英和辞典の記述の古さ，問題点を指摘する者もいます。新語もぞくぞくと出てくる，あらたな情報も付け加わる。紙の辞書はどんどん改訂されるのに，電子辞書は簡単には買い換えることがない，という構図がもっとも気がかりなところです。

第6章

教室英語の改善のために

はじめに

これまでの章で，あらゆる面から総称的な名称で「教室英語」と表現した英語教育の中身を批判してきました。それでは，われわれはどうすればよいのでしょうか。本章ではそれを語ることにします。

まず，日本の英語教育は何を目指すのかを明らかにすべきだと思います。日本の英語教育は，いわゆる英会話ができる人の養成を目指したいのでしょうか。私は英語がしゃべれる人の養成を目標にすべきだとは思いません。

日本で生活している限り，英語を話さなくても十分に生活していけます。コミュニケーション能力の養成といっても，コミュニケーションは話しことばばかりではありません。日本に住んでいる限り，読んだり書いたりすることのほうがむしろ日常的です。

私は職業柄，大学内で英語を話す機会はよくあります。それでも実際に電子メールにしろ，手紙にしろ英語を使った発信はほとんど書きことばです。受信も，新聞・雑誌・論文・本など英語で読むことは多いですが，英語で聞くのはテレビ番組のCNN放送くらいです。

やはり，今の世界で通用する英語を学ぶことが大切です。英語教育は，どうすればいま世界で使われている英語をよりよく理解できるか，どうすればよりよく自己表現ができるかという目標にそったものでなければなりません。

文法だけに話を限れば，話しことば，書きことばにかかわらず，今の英語を理解し，より効果的に自己表現ができる英文法，そういうものを構築していかねばなりません。文法のための文法は専

門家に任せて，学習のための英文法を早急に構築していかねばなりません。

　以上のような前提のもとに，具体的に何をすべきかを提案していきます。

1　教室英語を全面的に見直す

副教材や市販の参考書，問題集の総点検

　前章までに日本の教室英語には多くの問題があることを述べてきました。もちろんそこでとりあげたのは，氷山の一角にしかすぎません。まだまだ数多くの問題が隠れています。その点検が必要です。

　いろいろと参考書や問題集を見ていると，やはり問題は文法と語彙といったところにあることが分かります。文法に対する誤った理解，古い文法規則の重視，それに単語の使い方が分かってないために生じるおかしな英語表現などがもっとも深刻です。

　日本語に訳して，その日本語訳でもとの英単語の意味を解釈するということがあります。problem がよい例です。「問題」と訳すから「英語の試験問題1題」を "an English problem"（本当は "an English question" です。an English problem は文脈によりますが，「英語学習上の困難点」のような意味になります）などとしてしまうのです。これらはやはり総点検が必要です。

　今は高等学校の英語教育の中には「英文法」という科目がありません。その代わり進学校と言われる学校ほど，副教科書などと称する文法の解説書が多く使われているようです。古い英語の宝庫であった「英文法」の教科書はいらない，という姿勢はよく理

解できます。その結果，英文法という教科そのものを廃止してしまったのはまずかった。そして，英文法の教科書を廃止してしまったのもまずかった，と私は思います。

中学校・高等学校の教員であればおそらく誰でも，英語をしっかり理解させるためには文法を欠かすことができないということが分かっているはずです。だからこそ文法の準教科書などと言われるものが使われるのです。まずは，この種の「準教科書」から総点検を始めるべきだと思います。そこはおそらく本書で扱ってきた種々の問題の百貨店だと思っています。種々の学習参考書や問題集も点検しなければなりません。

このような点検は，英語をよく理解している日本語を母語とする英語の専門家を中心に進める必要があります。私が個人で調べてきたことは，ほんの氷山の一角と考えてよいと思います。私もできれば点検するためのチームを結成して取り組みたいと思っています。その計画の実行のためには，信頼のおける10名程度のいつでも相談できるネイティブ・スピーカーが必要です。5名位の日本語を母語とする英語専門家チームと，サポート役のネイティブ・スピーカー10名があれば数年で大がかりな点検作業ができるでしょう。学会をあげてのプロジェクトとしてやる値打ちのあることだと思います。

信頼のおける学習英文法書を

前節で述べた調査にもとづく英文法書が必要です。何でも誤りのないものは存在しません。しかしながら，たとえば生物の教科書であれば，日進月歩の生物学の研究成果をとりいれた内容にしてゆく義務があるし，おそらくそういう作業がされているでしょ

う。

　英語はそのマーケットの広さからか、英語の学問的研究とは関係のない人たちが解説書や参考書・問題集を作ります。そのこと自体は自由ですが、問題はその出来上がった結果です。今の時代の研究成果を生かさない解説書などないほうがましです。

　いろんな言語学者が英語の研究を進めていますが、それがなかなか高校生用の参考書や問題集に反映されません。英語に関する研究はまさに日進月歩です。教科書あるいは参考書、副教科書がそのような研究成果と無関係に再生産されているという現状は改めなければなりません。

　一方で新しい英語研究の成果を追うこと、他方でリーディング・リスニング・ライティング・スピーキングに必要な英文法ミニマム・エッセンシャルズを見極める研究を進めること、これがこれからもっとも求められるべきことです。

　英語教育界・受験産業界の教室英語に対する保守性は覆うべくもありません。英語辞書界もその保守性についてもっと真剣に考えなおさなければなりません。保守性が一番強い英文法を科目から廃止し、検定教科書を廃止し、その結果、準教科書の形でさらにおかしな内容の文法書ができました。一方で、一部の教員採用試験問題に見られるような、ひとりよがりの語彙問題・文法問題を出すという形で保守性を発揮しています。

学習文法の構築のために

　文法の生命である用例は、信頼のおける実際のデータからとらなければなりません。どうしても文法を書く人が英作をしなければならない場合は、信頼のおける英語のネイティブ・スピーカー

に相談しなければなりません。

　どのような教科であれ，教科書はその時代の制約を受けています。その時代の最先端の科学的発見を教科書に盛り込んでも，それはいつか後の時代に間違っていたことが分かれば訂正されます。英文法でもその時代に分かっていることを盛り込むことができても，それに誤りがないとは誰にも言い切ることはできません。

　しかし，時代の制約の中ではあるが，その時点で分かっていることを教えるべきであることは明白です。だから，少なくとも大学入試対策とか，教員採用試験だとかいう試験問題を作る人はもとより，解説をしたり，説明をしたりする人は，その最前線を認識しておかねばならないのは言うまでもないでしょう。担当者にそのような役を担わせることが不可能ならば，信頼のおける専門の相談役をおくべきです。

　大学の入試問題作成者が参考にするような学習文法書を作りあげることが今もっとも大事なことです。

成句の重視

　"I'll be there in a minute." はどういう意味でしょうか。そう，普通に英語を学んだ人であれば「すぐ行きます」と正しく解釈できます。決して「1分以内に行きます」ではありません。in a minute は成句化しており，「少しの時間で，すぐに」の意味になっています。それでは "I'll be there in a minute or two." はどうでしょうか。or two があることで分かるように，a minute は「1分」の意味です。I'll be there in one minute. としても成句ではなく「1分で」の意味になります。このように，成句か

成句でないかを見極める力を養うことは英語学習上きわめて大事なことです。

　学部生の英語の授業で，学生はなかなか成句を成句としてとらえきれません。複雑な文法関係がとらえきれない場合もありますが，それは比較的少ないと言ってよいと思います。

　今，世界的に言語における成句の重要性が見直されています。日本の英語研究は歴史的に成句の重要性を認識してきました。斎藤秀三郎，勝俣銓吉郎（かつまたせんきちろう）などはその先駆者です。学生・生徒をはじめ，私も含めて英文解釈の上でつまずくのは成句です。成句を成句として認識できていないことが英語の理解に重要なさまたげになります。

　学習文法の構築と同時に，成句研究（phraseology）をすすめることがこれからの課題になります。

2　教員にもっと多様な研修の機会を

　現場の教員は忙しすぎます。高等学校の先生は，朝8時から夜8時まで，学校内を走り回っているという話を聞きます。そうでありながら，教員の資質向上が求められます。今は大学でも同じことです。会議に追われ，合間に授業をし，疲れきって帰ってから研究をするというのが今の一般の教員の姿です。このような状況はいずれ日本の教育水準，研究水準に影響を与えるでしょう。影響が出てこないはずがありません。

　それを急に改善することはできないにしても，特に中学校・高等学校の教員には夏休み中は一定期間の自由な研修を保障し，教員が自主的に研究会に出席したり，勉強会を開いたりすることに

教授法以外にも学ぶことが

では研究会や勉強会で何を学べばよいのでしょうか。おそらく英語の教授法や教材作成法など，学ぶことは多いと思います。しかし，私はかなり違った観点を持っています。

英語の教員の生命線はやはり何といっても英語力です。英語力のない教員が何を言っても，どのような新しい教授法を導入しても，結局は生徒・学生との信頼関係を構築することはできません。

したがって，第一に英語力をつける講座が必要です。英会話風のものだけではなく，英語の読解力養成講座も必要です。読むための講座，書くための講座などほとんど開かれることはないのではないでしょうか。

これらの講座と並行して，新しい英語研究の成果に触れることが必要です。英語を研究している人は，このような機会に新たな知見を公開して，その知見を現場の教員と共有する努力をすべきだと思います。

英語の変化の実態を知る

言語は変化します。英語ももちろん変化しています。その変化が良いのか悪いのかなどと考えてもしかたありません。私が30歳過ぎて初めて行った外国はカナダでした。その時，あるカナダ人の友人が If I *was* a policeman, ... と言ったのを聞いて，"If I *were* a policeman, ..." ではないのか，などと聞いた覚えがあります。覚えた文法規則と違う表現に出会うと妙に気になりま

す。また、よく often の t を発音していることにも気付きました。覚えた発音と違うと、これも妙に気になるのです。

　私は授業中に私がテキストを音読するとき、わざと often に t を入れた発音をします。そして、何かおかしいと思ったところはありませんか、と問うことにしています。中には often の発音がおかしかった、という学生がいます。その時は辞書を引いてもらって、often の発音を確認してもらうことにしています。ちゃんと t を入れた発音も書かれています。

　現場で教えている教員が日常的に英語の変化に敏感である必要などないのですが、教科書や参考書、英和辞典などを作成する人は敏感である責務があります。妙な自作の例文を作ってはいけません。時代遅れの英語を教えていてはいけません。そして、現場の教員は夏休み中に新しい知見を吸収する、というのが理想の姿です。

　そんなのは、絵に描いたモチだという反応が多いでしょうね。それでも、このような理想をもたないと変化もしないと思うのです。理想をもたないところに変化はない、というのが私からのメッセージです。

　まず、言語は変化する、英語も言語であるから変化している、という事実を確認することが必要です。100年前に書かれた本の内容が、まるで今でも生きているかのように、時が止まったかのように、信奉を続けることは止めなければなりません。30年前に学んだことが今でも生きているのか、それを調べなおすくらいのことはできるはずですし、しなければなりません。そのような最低限の努力は英語教育にたずさわる人の責務だと思います。そのようなきっかけを与える講習会のようなものが必要です。

発音練習の重要性

　英語の音読の重要性を指摘する研究者があります。私自身もまったくその意見に賛成です。というよりも，私自身が授業の予習で音読をします。そして，少なくとも授業では，単語や成句を学生と一緒に発音し，ジョークを交えて覚えさせようとします。

　lamentable と黒板に書くと，ある学生が「あ，知ってる，ラーメン・テーブル」と言いました。なるほど，そう読めないこともありません。でもこれは coffee table とは違って，「ラーメンを食べるテーブル」の意味ではありません。「嘆かわしい」の意味です。下宿でひとり，ラーメンをすすっている図はどうみても「みじめな」感じです。「ラーメン・テーブル」と発音しないためにも，しっかりとした発音練習を欠かすことができません。

　私は日本英語音声学会の副会長を務めています。会長の都築正喜教授を先頭に，英語教育の中における発音教育の重要性を広めようと努めています。発音記号が読めるようにすること，そのためには，英語教員，英語教員希望者に英語の発音に自信がもてるようになっていただくのが学会の目標のひとつです。

　そのためにはまず音読から。音読練習のための講習会も研修の一部に入れるべきです。教室での音読をテープ（今は CD ですか）に任せてはいけません。生徒・学生の発音とあまりにもかけ離れた発音を聞いても，そのままでは身にはつきにくいのですから。

リーディングの重要性

　私は英語力の基本は読解力だと思っています。できるだけたくさんの英語に接して，英語の感覚を身につける。これは，外国にいかなくても，日常的にできることです。私は長年 *Daily*

Yomiuri や *Newsweek* を購読してきました。

　それに加えて，CNN 放送の人気インタビュー番組ラリー・キング・ライブを文字化したもの (transcripts) を読んでいます。それは口語英語研究対象の宝庫であると同時に，まさに今の英語に接する場です。教材は無料です。この transcripts を長年読んでいると，いまアメリカで何に関心がもたれているのかという情報が得られると同時に，英語力増進に確実に役にたっています。

　英語の講習会でも，ぜひこのようなインターネットで手に入れることのできる教材を利用したリーディング力増進法をとりあげるべきだと思います。

まとめ

　本章では，第5章までにとりあげたいろいろな教室英語の問題点をどうやって克服するかについて，私の考えを述べました。まず，あらゆる教室英語に関係した書物を検証し直すこと，そして，教員は新たな知見を共有するためのさまざまな研修の機会を与えられることが必要であることを強調しました。

　私たちのように大学で教えている人の中には，新入生の英語力について，読む力が年ごとに衰えてきていると思う人が多いようです。その原因はコミュニケーション主体の教育にあると考える人が多いと思います。私もそのひとりです。

　もっと，いつでもできるリーディングの力をつけさせることを真剣に考えるべきだと思っています。そして，学習者には，良質の，いま世界で通用する英語と英文法を伝授できるようにしたいものです。

あ と が き

　教師は教えるのが仕事です。自分の仕事をまっとうするためには，生徒の信頼を勝ち取らなければなりません。そのためには，教科書や参考書に書いてあることを越えて，誰も知らないようなことを教えたいと考えて当然だと思います。その時に，昔習った，あるいは，参考書で読んで覚えたそんな内容を教えようとします。そこに落とし穴があります。

　私は教員生活をしながら，比較的早い時期に今の英語教育の内容に疑問を持ち始めました。なぜそのような疑問をもつようになったかを理解していただくために，私がどのようにして英語を勉強してきたか語っておきます。

　私が初めて使った英和辞典は，旺文社の中学生向きのものでした。中学校に入った頃に雑誌の懸賞で当たったものでしたが，名前はたしか『ベスタ（Besta）英和辞典』だったと思います。中学生の間はこの英和辞典に首っ引きで，教科書の単語を単語帳に写し取り，発音記号と品詞，意味（日本語訳）を書き込みました。教科書以外にもやさしい物語を読んで，同じように単語帳を作っていました。

　3年生の時は，ほとんど欠かさずに「百万人の英語」をラジオで聴きました。鬼頭イツ子先生，半田一郎先生，James Harris先生，五十嵐新次郎先生といったお名前は今でも頭の中に残っています。この番組で出てきた単語も辞書で確かめて，単語帳を作りました。このように，英語大好き生徒だったのです。

高校になると，クラブ活動（器械体操）と苦手の数学の勉強に追われて，あまり英語の勉強はしませんでした。

　大学ではまた英語大好きの生活になって，1 年生の時から *Mainichi Daily News* を読み始めました。とっかかりは Editorial で，だんだんといろいろな記事に広がっていきました。いろんな英米小説もたくさん読みました。その勉強のために，『コンサイス』『ポケット』『岩波英和中辞典』『簡約英和辞典』の辞書を引いたり，引いたページを全部ついでに読むというようなことをしていました。片っぱしから英和辞典をバラバラになるほど使いました。

　一方で，当時唯一の英語テレビ番組だった「弁護士プレストン」（英語のタイトルは思い出せません）を観たり，VOA 放送，FEN 放送をラジオで聴いていました。

　英和辞典にいろいろな間違いや古い英語がたくさんまぎれこんでいることをはっきりと認識するようになったのは，もう 30 歳半ばだったでしょうか。高等学校で学んだ受験英語の I have gone to Hawaii. を間違いとすることへの反論，Woman as I am, I can be of some help to you., I had my wife die. などというような英語は本当の英語でないことに対する疑問，などなど。

　それまで随分とお世話になった英和辞典の問題点を洗い出し始めたのはもう 30 年も前になります。今の英和辞典でもその多くは，たくさんの誤りや古い記述，誤解を招くような説明がたくさんあるのです。

　英和辞典の中身と実際の英語とが何だか合わないな，と思うようになったのは，英和辞典大好きだったことと，一方で常に生き

た英語も学んだからだと思います。英和辞典が,可能な限り現実の英語の姿を映したものにしたいというのが今の仕事の中心です。

　日本の英語教育の改革は,今の教室英語の見直しと改革から始めなければなりません。大学側は,入試問題の改善にさらに取り組むべきです。

　あまりにも保守的な体質の英語教育が日本の英語教育の改善を阻害していることを肝に銘じるべきです。

引用文献

辞 書

BBI[2]: *The BBI Combinatory Dictionary of English*, 2nd ed. 1997, John Benjamins, Amsterdam.

CALD[2]: *Cambridge Advanced Learner's Dictionary*, 2nd ed. 2005, Cambridge University Press, Cambridge.

CDAE: *Cambridge Dictionary of American English*, 2000, Cambridge University Press, Cambridge.

COBUILD[5]: *Collins COBUILD English Dictionary*, 5th ed. 2006, HarperCollins, London.

LAAD: *Longman Advanced American Dictionary*, 2000, Pearson Education, Essex.

LDCE[4]: *Longman Dictionary of Contemporary English*, 4th ed. 2003, Longman, London.

LDELC[3]: *Longman Dictionary of English Language and Culture*, 3rd ed. 2005, Longman Group UK, London.

LED: *Larousse English Dictionary*, 1997, Larousse, New York.

MED: *Macmillan English Dictionary for Advanced Learners*, 2002, Macmillan Education.

MWCD[11]: *Merriam Webster's Collegiate Dictionary*, 11th ed. 2003, Merriam Webster, Springfield, MA.

OALD[7]: *Oxford Advanced Learner's Dictionary of Current English*, 7th ed. 2005, Oxford University Press, Oxford.

OED[2]: *The Oxford English Dictionary on Historical Principles 2nd ed. on CD-ROM*, 1992, Oxford University Press, Oxford.

SOD[5]: *The Shorter Oxford English Dictionary on Historical Principles*, 5th ed. 2002, Oxford University Press, Oxford.

Time-Chambers: *Times-Chambers Essential English Dictionary*, 1997, Chambers Harrap Publishers & Federal Publications, Singapore.
Web. 1900: *Webster's International Dictionary of the English Language*, 1900, Merriam Webster, Springfield, MA.
Web.³: *Webster's Third New International Dictionary of the English Language*, 1961, Merriam Webster, Springfield, MA.

著書・論文

Berry, T. E. (1971) *The Most Common Mistakes in English Usage*, McGraw-Hill, New York.
Bolinger, D. (1977) *Meaning and Form*, Longman, London.
Bollard, J. K. (1998) *Pronouncing Dictionary of Proper Names*, Omnigraphics, Detroit.
Burchfield, R. W., ed. (1996) *The New Fowler's Modern English Usage*, 3rd ed., Oxford University Press, Oxford.
Crystal, D. (1984) *Who Cares about English Usage?*, Penguin Books Ltd, Middlesex, England.
Crystal, D. (1995) *The Cambridge Encyclopedia of the English Language*, Cambridge University Press, Cambridge.
Declerck, R. (1991) *A Comprehensive Descriptive Grammar of English*, Kaitakusha, Tokyo.
江川泰一郎 (1991, 2002) 『英文法解説 改訂三版』金子書房, 東京.
Evans, V. and C. Evans (1957) *A Dictionary of Contemporary American Usage*, Random House, New York.
Fowler, H. W. (1926) *A Dictionary of Modern English Usage*, Clarendon Press, London.
市川繁治郎(編集代表) (1995) 『新編 英和活用大辞典』研究社, 東京.
石橋幸太郎(編者代表) (1966) 『英語語法大事典』大修館書店, 東京.
河上道生 (1991) 『英語参考書の誤りとその原因をつく』大修館書店, 東京.

河上道生・J. D. Monkman (1982)『英作文参考書の誤りを正す』大修館書店, 東京.

小島義郎 (1999)『英語辞書の変遷』研究社, 東京.

Langendoen, D. T. (1970) *Essential English Grammar*, Holt, Rinehart and Winston, New York.

三浦新市・ナタリー＝リード (1985)『前置詞中心英語表現辞典』大修館書店, 東京.

中尾俊夫 (1985)『音韻史』(英語学体系 11) 大修館書店, 東京.

日本英学史料刊行会 (1982)『長崎原本『諳厄利亜興学小筌』『諳厄利亜語林大成』研究と解説』大修館書店, 東京.

大村喜吉 (1960)『斎藤秀三郎伝──その生涯と業績──』吾妻書房, 東京.

大塚高信(編) (1961)『英語慣用法辞典』三省堂, 東京.

大塚高信(編) (1969)『英語表現辞典』(英語の語法／語彙編) 研究社, 東京.

大塚高信・小西友七(編) (1973)『英語慣用法辞典〈改訂版〉』三省堂, 東京.

Partridge, E. (1977) *A Dictionary of Catch Phrases: British and American, from the Sixteenth Century to the Present Day*, Routledge & Kegan Paul, London.

Roach, P., J. Hartman and J. Setter, eds. (2003) *Cambridge English Pronouncing Dictionary*, 16th ed., Cambridge University Press, Cambridge.

Swan, M. (2005) *Practical English Usage*, 3rd ed., Oxford University Press, Oxford.

Sweet, H. (1881-1898) *A New English Grammar*, 2 vols., Oxford University Press, Oxford.

武田万里子 (1982)「開国前の日英関係──フェートン号事件と英学」『長崎原本『諳厄利亜興学小筌』『諳厄利亜語林大成』研究と解説』日本英学史料刊行会(編), 113-140, 大修館書店, 東京.

Thomson, A. J. and A. V. Martinet (1986) *A Practical English Grammar*, 4th ed., Oxford University Press, Oxford.

豊田 實 (1939)『日本英學史の研究』岩波書店, 東京.

Upton, C., W. Kretzschamar, Jr. and R. Konopka (2001) *The Oxford Dictionary of Pronunciation for Current English*, Oxford University Press, Oxford.

渡部昇一 (1975)『英語学史』(英語学体系 13) 大修館書店, 東京.

渡辺登士(編著者代表) (1976)『続・英語語法大事典』大修館書店, 東京.

Watkins, G.・河上道生・小林功 (1997)『これでいいのか大学入試英語　上・下』大修館書店, 東京.

Wells, J. C. (2000) *Longman Pronunciation Dictionary*, 2nd ed., Pearson Education, Essex.

八木克正 (1987)『新しい語法研究』山口書店, 京都.

八木克正 (1996)『ネイティブの直観にせまる語法研究――現代英語への記述的アプローチ』研究社出版, 東京.

八木克正 (1999)『英語の文法と語法――意味からのアプローチ』研究社出版, 東京.

八木克正 (2006)『英和辞典の研究――英語認識の改善のために』開拓社, 東京.

八木克正(編著) (2007a)『新英語学概論』英宝社, 東京.

八木克正 (2007b)「「教室英語」を見直す――who と which, who と what の用法から」『英語教育』9 月号, 31-35.

索　引

1. 日本語はあいうえお順, 英語は日本語読みで並べた。ただし,「語句」は ABC 順。
2. 数字はページ数を示す。f. は次ページに続く, ff. は次ページ以後にも続くの意味。fn. は脚注。

用語・人名

アメリカ構造言語学　61, 62
アダムズ, ウイリアム（William Adams）　37
飯島廣三郎　42
イギリスの規範文法　46ff.
市河三喜（いちかわさんき）　36, 42, 57f., 60
イディオム　20
井上十吉（いのうえじゅうきち）　41
イマージョン教育　11, 12
いま使われているか　26ff.
意味中心の文法　65
入江祝衛（いりえいわえ）　40
岩崎民平（いわさきたみへい）　44
インド英語　16f.
LKL コーパス　88fn.
大塚高信（おおつかたかのぶ）　59, 60, 64
岡倉由三郎（おかくらよしさぶろう）　42

音の脱落　32f.
科学(的)文法　36, 57, 59, 60, 61
学習辞典　41, 44ff.
学習文法　5ff.
勝俣銓吉郎（かつまたせんきちろう）　175
神田乃武（かんだないぶ）　41
規範文法　36, 46ff., 52, 60, 71
教員採用試験問題　11, 29, 30, 125ff.
共同編纂期・第一次学習辞典期　38, 41
クエスチョン・ボックス　36, 55, 67, 82, 83, 122, 126, 136
クジラの法則　2
畦柳都太郎（くろやなぎくにたろう）　42
原初的単語集期（英和辞典の歴史）　38, 38f.
公民権運動　29
語法研究　60, 61
cohesion → まとまり
ことばの変化　30ff.

189

コミュニケーション・ストラテジー　24ff.
斎藤秀三郎（さいとうひでさぶろう）　3fn., 36, 38, 41, 52, 56, 58, 71, 96, 115, 147, 149, 156, 162, 175
斎藤文法　51ff., 58, 58fn., 61
サピア（E. Sapir）　61
譲歩の as　148ff.
女性解放運動　29
状況・場面　22ff.
シンガポール英語　17
実証的研究　62, 63
新言語学　61
スイート（H. Sweet）　51
成句表現　20f.
成句論　21, 175
生成文法　61, 62
正則英語学校　41, 58
第二次学習辞典期（英和辞典の歴史）　38, 44ff.
対話式の英文法形成　36f., 67ff.
正しい英語　16ff.
「単純未来」と「意志未来」　50f.
チョムスキー（N. Chomsky）　61, 63
統語中心の文法　64
中島文雄（なかじまふみお）　60
日本人のための英和辞典期（英和辞典の歴史）　38, 40
日本語なまりの英語　17f.
人称代名詞の格　53
ネイティブ・スピーカー　12ff.

PC　28ff., 94, 131, 143
品詞　53
付加疑問　93ff.
ブルームフィールド（L. Bloomfield）　61
ブロカー（W. Bullokar）　47
phraseology → 成句論
分離不定詞　48f., 53
文法にかなった英語　19f.
ベリー（T. E. Berry）　48, 84, 87
細江逸記（ほそえいつき）　60
Political Correctness → PC
堀達之助（ほりたつのすけ）　38, 39
翻訳期（英和辞典の歴史）　38, 39
まとまり　21f.
三浦按針（みうらあんじん）　37
マレー（L. Murray）　47, 52
命令文の受動態　54, 96ff.
山崎貞（やまさきてい）　2, 3, 4
吉川美夫（よしかわよしお）　60
ラネカー（R. Langacker）　63
ランゲンドン（T. Langendoen）　93
　ランゲンドンの調査　93ff.
World Englishes　16

語　句

African-American　28
Afro-American　28
age　136ff.
　age, an　137

索　引

ages, for　138
ages, in　136ff.
Ain't I?　95
amuse　82
anyone (呼応)　49
Aren't I?　95
argue (...を示す)　152ff.
as (譲歩・理由)　148ff.
　*Woman as she is, ...　148ff.
　Young as she is, ... (あいまい性)　148ff.
attain (場所に到達する)　156ff.
Australia (発音)　31
be slept in (句動詞の受け身)　56
beguile oneself (意味)　133
believe O to be C (構文表示)　102
borrow (「借りる」との比較)　78f.
chairman (PC)　29
chairperson (PC)　29
children (⇔adult)　133
clothes (発音)　31f.
come to a head　20
continue to be + 形容詞／過去分詞　79ff.
correspond with (意味)　127, 128
dear (値段が高い)　55
deserve doing (意味・用法)　75ff.
discussion, have a　127, 128

earthquake　9
　There was an earthquake ...は不可か？　9
elite (意味・用法)　68ff.
enjoy　81f.
　enjoy doing　81f.
　enjoy oneself　81f.
　*enjoy oneself doing　81f.
entice (意味)　132
err　4, 55
estimation (用法)　139f.
everyone (数と一致)　94
feat　133f.
few (否定語)　96
fire fighter (PC)　29
fireman (PC)　29
first (最重要の)　27f.
first person, the (意味)　27f.
get around to doing (成句)　127, 129
give one's ears for ... (成句)　159
graduate　19
　graduate Harvard　19
　graduate from Harvard　19
　be graduated from Harvard　19
had better (意味)　23
have a flat tire　21
have a game with (成句)　160f.
have been in/to　53f.
have gone to　53f.
have (被害)　150ff.

*I had my wife die.　150ff.
havoc（意味）　134
hike（動詞）　100ff.
　go hiking　101
hike（名詞）　99ff.
　go for/on a hike　99ff.
homemaker (PC)　136
househusband (PC)　136
housewife (PC)　136
how
　How beautiful is she?（意味）　122
　How came you to（成句）　55
　How goes the enemy?（成句）　165f.
If I was …（仮定法過去）　176
in a minute（成句）　174
in the east, The sun rises　75
Indian　28
inquire（構文）　140ff.
　inquire A of B　142
Inuit　28
it passes all belief that …　164
jargon（意味）　133
jogging fanatic, a (*a fanatic jogger)　132
learn to do（二つの意味）　115ff.
lend an ear to …（成句）　159
let　97f.
Long time no see.　20
make（用法）　56
makes it a rule（成句）　55
man (PC)　29, 131

man is known by the company he keeps, A. (PC)　131
Mayn't I?　94
mention　10
Native Americans　28
Never fail ….　82ff.
no more … than　2
no one（呼応）　95
of oneself　2
often（発音）　177
one（呼応）　49
pass（理解力・能力などを超える）　161ff.
people (PC)　29
person (PC)　29
please（用法）　25f.
police officer (PC)　29
policeman (PC)　29
practice, put it into　8
problem（意味・用法）　171
qualms（意味）　135
reaction（意味）　134
reflect on（意味・用法）　129
remain＋補語（意味）　9
repeat again（意味）　128, 129
response（意味・用法）　134
seldom（否定語）　96
senior（年長の）　54, 91ff.
set … by the ears（イディオム）　159
Shinkansen, the/*a　133
sleep in（受身）　56

stop to do / doing 85f.
switch (change との違い) 127
television (発音) 30f.
than (前置詞・接続詞) 5, 49, 84f.
Thanks a lot. 21
 cf. *Thank you a lot. 21
that (関係代名詞) 89ff.
think (構文) 10
 *think O to be C 10
very man for, the 2
was と were (仮定法) 50, 59
what → who と what
which / *who of … 105
which one 104
white (透明な) 27
 white glass (意味) 27
who と which 103ff.
Who / *Which is taller, Jane or Mike? 103ff.
who と what 14f., 113ff.
 She is different from who/ ?what she was ten years ago. 14f., 113ff.
*Who one …? 105
who と whom 8, 49f., 86ff.
Will you …? (意味用法) 25
will と shall 50f.
wisest man, the 2

書　名

『譜厄利亜興学小筌』 38, 39

『譜厄利亜語林大成』 38, 39
『井上英和辞典』 41
『意味論』 60
『岩波英和辞典』 43
ALD 45
『英語慣用法辞典』 64
『英語基本形容詞・副詞辞典』 66
『英語基本動詞辞典』 66, 116f.
『英語基本名詞辞典』 86
『英語教育』 67, 126, 136
『英語語法大事典』 67
『英語語法大事典 第3集』 67
『英語語法大事典 第4集』 67
『英語正誤辞典』 66
『英語前置詞活用辞典』 66
『英語表現辞典』 66
『英文法』(マレー) 47
『英文法研究』 57, 59
『英文法詳説』 60
『英文法の体系』 60
『英文法汎論』 60
『英文法論考――批判と実践』 59
『英和対訳袖珍辞書』 38, 39
『英和大辞典』(冨山房) 42f.
OED 40, 43, 46, 77, 151, 154, 157, 163, 165
『簡略英文法』(ブロカー) 47
『簡約英和辞典』 44
『研究社新英和中辞典』 44, 45
『現代英語語法辞典』 64
『現代英語正誤辞典』 66
『コービルド英文法』 66
『コミュニカティブ英文法』 66

『コンサイス英和辞典』 45
『薩摩辞書』 39
『三省堂英和大辞典』 41, 42
『三省堂クラウン英語熟語辞典』 44, 161, 165f.
COD 40, 41, 42, 43, 155, 162, 165
『詳解英和辞典』 40
『新英和大辞典』（研究社） 42
『熟語本位英和中辞典』 4, 40, 41, 42, 56, 115, 147, 150, 156, 157, 162, 165, 166

『続・英語語法大事典』 67, 109f.
『大正増補和訳英辞林』 39
『統語構造』（チョムスキー） 62
PEG（*Practical English Grammar*） 3, 51, 52, 53f., 91, 96
POD 43
『文法の原理』 60
『模範英和辞典』 41
『模範新英和大辞典』 41
『ユースプログレッシブ英和辞典』 19, 45
『和譯英辞書』→『薩摩辞書』

八木　克正　(やぎ　かつまさ)

1944年, 兵庫県生まれ。関西外国語大学教授。関西学院大学名誉教授。英語語法文法学会会長 (2004～2007), 日本英語音声学会副会長 (1998～)。博士 (言語コミュニケーション文化)。
単著書:『新しい語法研究』(山口書店, 1987),『ネイティブの直観にせまる語法研究』(研究社出版, 1996),『英語の文法と語法——意味からのアプローチ』(研究社出版, 1999),『文法活用の日常英語表現』(英宝社, 1990),『英和辞典の研究——英語認識の改善のために』(開拓社, 2006),『英語の疑問 新解決法——伝統文法と言語理論を統合して』(三省堂, 2011),『英語教育に役立つ英語の基礎知識 Q&A』(開拓社, 2011) など。編著書:『新英語学概論』(編著)(英宝社, 2007)。辞書類:『ユースプログレッシブ英和辞典』(編集主幹)(小学館, 2004),『現代英語語法辞典』(編集協力)(三省堂, 2006)。専攻論文多数。

世界に通用しない英語
——あなたの教室英語, 大丈夫?—— 〈開拓社 言語・文化選書3〉

2007年10月25日　第1版第1刷発行
2013年 9月20日　　　　第2刷発行

著作者　八木克正
発行者　武村哲司
印刷所　日之出印刷株式会社

発行所　株式会社 開拓社

〒113-0023　東京都文京区向丘1-5-2
電話　(03) 5842-8900 (代表)
振替　00160-8-39587
http://www.kaitakusha.co.jp

© 2007 Katsumasa Yagi　　ISBN978-4-7589-2503-7　C1382

Ⓡ〈日本複製権センター委託出版物〉
本書を無断で複写複製 (コピー) することは, 著作権法上での例外を除き, 禁じられています. 複写を希望される場合は, 日本複製権センター(03-3401-2382)にご連絡ください.